贝克通识文库

李雪涛　主编

启蒙时代

[德] 维尔纳·施奈德斯 著
董 悦 王极天 译

北京出版集团
北京出版社

著作权合同登记号：图字 01-2017-7306
DAS ZEITALTER DER AUFKLÄRUNG by Werner Schneiders, 5th ed.2015

图书在版编目（CIP）数据

启蒙时代 /（德）维尔纳·施奈德斯（Werner Schneiders）著；董悦，王极天译．— 北京：北京出版社，2024. 7
ISBN 978-7-200-18408-2

Ⅰ. ①启… Ⅱ. ①维… ②董… ③王… Ⅲ. ①启蒙运动—欧洲 Ⅳ. ① B504

中国国家版本馆 CIP 数据核字（2024）第 000542 号

总 策 划：高立志　王忠波　　选题策划：王忠波
责任编辑：白　云　　责任营销：猫　娘
责任印制：陈冬梅　　装帧设计：吉　辰

启蒙时代
QIMENG SHIDAI
［德］维尔纳·施奈德斯　著
董悦　王极天　译

出　　版　北京出版集团
　　　　　北 京 出 版 社
地　　址　北京北三环中路 6 号
邮　　编　100120
网　　址　www.bph.com.cn
总 发 行　北京伦洋图书出版有限公司
印　　刷　北京汇瑞嘉合文化发展有限公司
经　　销　新华书店
开　　本　880 毫米 ×1230 毫米　1/32
印　　张　5.25
字　　数　98 千字
版　　次　2024 年 7 月第 1 版
印　　次　2024 年 7 月第 1 次印刷
书　　号　ISBN 978-7-200-18408-2
定　　价　49.00 元

如有印装质量问题，由本社负责调换
质量监督电话　010-58572393

接续启蒙运动的知识传统

——“贝克通识文库”中文版序

一

我们今天与知识的关系，实际上深植于17—18世纪的启蒙时代。伊曼努尔·康德（Immanuel Kant，1724—1804）于1784年为普通读者写过一篇著名的文章《对这个问题的答复：什么是启蒙?》(*Beantwortung der Frage: Was ist Aufklärung?*)，解释了他之所以赋予这个时代以“启蒙”(Aufklärung）的含义：启蒙运动就是人类走出他的未成年状态。不是因为缺乏智力，而是缺乏离开别人的引导去使用智力的决心和勇气！他借用了古典拉丁文学黄金时代的诗人贺拉斯（Horatius，前65—前8）的一句话：Sapere aude！呼吁人们要敢于去认识，要有勇气运用自己的智力。[1]启蒙运动者相信由理性发展而来的知识可

1 Cf. Immanuel Kant, *Beantwortung der Frage: Was ist Aufklärung?* In: *Berlinische Monatsschrift,* Bd. 4, 1784, Zwölftes Stück, S. 481–494. Hier S. 481. 中文译文另有：(1)“答复这个问题：‘什么是启蒙运动?’”见康德著，何兆武译：《历史理性批判文集》，商务印书馆1990年版（2020年第11次印刷本，上面有2004年写的“再版译序”），第23—32页。(2)“回答这个问题：什么是启蒙?”见康德著，李秋零主编：《康德著作全集》(第8卷·1781年之后的论文)，中国人民大学出版社2013年版，第39—46页。

以解决人类存在的基本问题，人类历史从此开启了在知识上的启蒙，并进入了现代的发展历程。

启蒙思想家们认为，从理性发展而来的科学和艺术的知识，可以改进人类的生活。文艺复兴以来的人文主义、新教改革、新的宇宙观以及科学的方法，也使得17世纪的思想家相信建立在理性基础之上的普遍原则，从而产生了包含自由与平等概念的世界观。以理性、推理和实验为主的方法不仅在科学和数学领域取得了令人瞩目的成就，也催生了在宇宙论、哲学和神学上运用各种逻辑归纳法和演绎法产生出的新理论。约翰·洛克（John Locke，1632—1704）奠定了现代科学认识论的基础，认为经验以及对经验的反省乃是知识进步的来源；伏尔泰（Voltaire，1694—1778）发展了自然神论，主张宗教宽容，提倡尊重人权；康德则在笛卡尔理性主义和培根的经验主义基础之上，将理性哲学区分为纯粹理性与实践理性。至18世纪后期，以德尼·狄德罗（Denis Diderot，1713—1784）、让-雅克·卢梭（Jean-Jacques Rousseau，1712—1778）等人为代表的百科全书派的哲学家，开始致力于编纂《百科全书》(*Encyclopédie*)——人类历史上第一部致力于科学、艺术的现代意义上的综合性百科全书，其条目并非只是“客观”地介绍各种知识，而是在介绍知识的同时，夹叙夹议，议论时政，这些特征正体现了启蒙时代的现代性思维。第一卷开始时有一幅人类知识领域的示意图，这也是第一次从现代科学意义上对所有人类知识进行分类。

实际上，今天的知识体系在很大程度上可以追溯到启蒙时代以实证的方式对以往理性知识的系统性整理，而其中最重要的突破包括：卡尔·冯·林奈（Carl von Linné，1707—1778）的动植物分类及命名系统、安托万·洛朗·拉瓦锡（Antoine-Laurent Lavoisier，1743—1794）的化学系统以及测量系统。[1]这些现代科学的分类方法、新发现以及度量方式对其他领域也产生了决定性的影响，并发展出一直延续到今天的各种现代方法，同时为后来的民主化和工业化打下了基础。启蒙运动在18世纪影响了哲学和社会生活的各个知识领域，在哲学、科学、政治、以现代印刷术为主的传媒、医学、伦理学、政治经济学、历史学等领域都有新的突破。如果我们看一下19世纪人类在各个方面的发展的话，知识分类、工业化、科技、医学等，也都与启蒙时代的知识建构相关。[2]

由于启蒙思想家们的理想是建立一个以理性为基础的社会，提出以政治自由对抗专制暴君，以信仰自由对抗宗教压迫，以天赋人权来反对君权神授，以法律面前人人平等来反对贵族的等级特权，因此他们采用各民族国家的口语而非书面的拉丁语进行沟通，形成了以现代欧洲语言为主的知识圈，并创

---

1 Daniel R. Headrick, *When Information Came of Age: Technologies of Knowledge in the Age of Reason and Revolution, 1700-1850*. Oxford University Press, 2000, p. 246.

2 Cf. Jürgen Osterhammel, *Die Verwandlung der Welt: Eine Geschichte des 19. Jahrhunderts*. München: Beck, 2009.

造了一个空前的多语欧洲印刷市场。[1]后来《百科全书》开始发行更便宜的版本，除了知识精英之外，普通人也能够获得。历史学家估计，在法国大革命前，就有两万多册《百科全书》在法国及欧洲其他地区流传，它们成为向大众群体进行启蒙及科学教育的媒介。[2]

从知识论上来讲，17世纪以来科学革命的结果使得新的知识体系逐渐取代了传统的亚里士多德的自然哲学以及克劳迪亚斯·盖仑（Claudius Galen，约129—200）的体液学说(Humorism)，之前具有相当权威的炼金术和占星术自此失去了权威。到了18世纪，医学已经发展为相对独立的学科，并且逐渐脱离了与基督教的联系：“在（当时的）三位外科医生中，就有两位是无神论者。”[3]在地图学方面，库克（James Cook，1728—1779）船长带领船员成为首批登陆澳大利亚东岸和夏威夷群岛的欧洲人，并绘制了有精确经纬度的地图，他以艾萨克·牛顿（Isaac Newton，1643—1727）的宇宙观改变了地理制图工艺及方法，使人们开始以科学而非神话来看待地理。这一时代除了用各式数学投影方法制作的精确地图外，制

1 Cf. Jonathan I. Israel, *Radical Enlightenment: Philosophy and the Making of Modernity 1650-1750*. Oxford University Press, 2001, p. 832.

2 Cf. Robert Darnton, *The Business of Enlightenment: A Publishing History of the Encyclopédie, 1775-1800*. Harvard University Press, 1979, p. 6.

3 Ole Peter Grell, Dr. Andrew Cunningham, *Medicine and Religion in Enlightenment Europe*. Ashgate Publishing, Ltd. , 2007, p. 111.

图学也被应用到了天文学方面。

正是借助于包括《百科全书》、公共图书馆、期刊等传播媒介，启蒙知识得到了迅速的传播，同时也塑造了现代学术的形态以及机构的建制。有意思的是，自启蒙时代出现的现代知识从开始阶段就是以多语的形态展现的：以法语为主，包括了荷兰语、英语、德语、意大利语等，它们共同构成了一个跨越国界的知识社群——文人共和国（Respublica Literaria）。

当代人对于知识的认识依然受启蒙运动的很大影响，例如多语种读者可以参与互动的维基百科（Wikipedia）就是从启蒙的理念而来："我们今天所知的《百科全书》受到18世纪欧洲启蒙运动的强烈影响。维基百科拥有这些根源，其中包括了解和记录世界所有领域的理性动力。"[1]

二

1582年耶稣会传教士利玛窦（Matteo Ricci，1552—1610）来华，标志着明末清初中国第一次规模性地译介西方信仰和科学知识的开始。利玛窦及其修会的其他传教士入华之际，正值欧洲文艺复兴如火如荼进行之时，尽管囿于当时天主教会的意

---

1 Cf. Phoebe Ayers, Charles Matthews, Ben Yates, *How Wikipedia Works: And How You Can Be a Part of It.* No Starch Press, 2008, p. 35.

识形态，但他们所处的时代与中世纪迥然不同。除了神学知识外，他们译介了天文历算、舆地、水利、火器等原理。利玛窦与徐光启（1562—1633）共同翻译的《几何原本》前六卷有关平面几何的内容，使用的底本是利玛窦在罗马的德国老师克劳（Christopher Klau/Clavius，1538—1612，由于他的德文名字Klau是钉子的意思，故利玛窦称他为“丁先生”）编纂的十五卷本。[1]克劳是活跃于16—17世纪的天主教耶稣会士，其在数学、天文学等领域建树非凡，并影响了包括伽利略、笛卡尔、莱布尼茨等科学家。曾经跟随伽利略学习过物理学的耶稣会士邓玉函［Johann(es) Schreck/Terrenz or Terrentius，1576—1630］在赴中国之前，与当时在欧洲停留的金尼阁（Nicolas Trigault，1577—1628）一道，“收集到不下七百五十七本有关神学的和科学技术的著作；罗马教皇自己也为今天在北京还很著名、当年是耶稣会士图书馆的‘北堂’捐助了大部分的书籍”。[2]其后邓玉函在给伽利略的通信中还不断向其讨教精确计算日食和月食的方法，此外还与中国学者王徵（1571—1644）合作翻译《奇器图说》(1627)，并且在医学方面也取得了相当大的成就。邓玉函曾提出过一项规模很大的有关数学、几何

1 *Euclides Elementorum Libri XV*, Rom 1574.

2 蔡特尔著，孙静远译：《邓玉函，一位德国科学家、传教士》，载《国际汉学》，2012年第1期，第38—87页，此处见第50页。

学、水力学、音乐、光学和天文学（1629）的技术翻译计划，[1]由于他的早逝，这一宏大的计划没能得以实现。

在明末清初的一百四十年间，来华的天主教传教士有五百人左右，他们当中有数学家、天文学家、地理学家、内外科医生、音乐家、画家、钟表机械专家、珐琅专家、建筑专家。这一时段由他们译成中文的书籍多达四百余种，涉及的学科有宗教、哲学、心理学、论理学、政治、军事、法律、教育、历史、地理、数学、天文学、测量学、力学、光学、生物学、医学、药学、农学、工艺技术等。[2]这一阶段由耶稣会士主导的有关信仰和科学知识的译介活动，主要涉及中世纪至文艺复兴时期的知识，也包括文艺复兴以后重视经验科学的一些近代科学和技术。

尽管耶稣会的传教士们在17—18世纪的时候已经向中国的知识精英介绍了欧几里得几何学和牛顿物理学的一些基本知识，但直到19世纪50—60年代，才在伦敦会传教士伟烈亚力（Alexander Wylie，1815—1887）和中国数学家李善兰（1811—1882）的共同努力下补译完成了《几何原本》的后九卷；同样是李善兰、傅兰雅（John Fryer，1839—1928）和伟烈亚力将牛

---

1 蔡特尔著，孙静远译：《邓玉函，一位德国科学家、传教士》，载《国际汉学》，2012年第1期，第58页。

2 张晓编著：《近代汉译西学书目提要：明末至1919》，北京大学出版社2012年版，“导论”第6、7页。

顿的《自然哲学的数学原理》(*Philosophiae Naturalis Principia Mathematica*，1687）第一编共十四章译成了汉语——《奈端数理》(1858—1860)。[1]正是在这一时期，新教传教士与中国学者密切合作开展了大规模的翻译项目，将西方大量的教科书——启蒙运动以后重新系统化、通俗化的知识——翻译成了中文。

1862年清政府采纳了时任总理衙门首席大臣奕䜣（1833—1898）的建议，创办了京师同文馆，这是中国近代第一所外语学校。开馆时只有英文馆，后增设了法文、俄文、德文、东文诸馆，其他课程还包括化学、物理、万国公法、医学生理等。1866年，又增设了天文、算学课程。后来清政府又仿照同文馆之例，在与外国人交往较多的上海设立上海广方言馆，广州设立广州同文馆。曾大力倡导“中学为体，西学为用”的洋务派主要代表人物张之洞（1837—1909）认为，作为“用”的西学有西政、西艺和西史三个方面，其中西艺包括算、绘、矿、医、声、光、化、电等自然科学技术。

根据《近代汉译西学书目提要：明末至1919》的统计，从明末到1919年的总书目为五千一百七十九种，如果将四百余种明末到清初的译书排除，那么晚清至1919年之前就有四千七百多种汉译西学著作出版。梁启超（1873—1929）在

1 1882年，李善兰将译稿交由华蘅芳校订至1897年，译稿后遗失。万兆元、何琼辉：《牛顿〈原理〉在中国的译介与传播》，载《中国科技史杂志》第40卷，2019年第1期，第51—65页，此处见第54页。

1896年刊印的三卷本《西学书目表》中指出："国家欲自强，以多译西书为本；学者欲自立，以多读西书为功。"[1]书中收录鸦片战争后至1896年间的译著三百四十一种，梁启超希望通过《读西学书法》向读者展示西方近代以来的知识体系。

不论是在精神上，还是在知识上，中国近代都没有继承好启蒙时代的遗产。启蒙运动提出要高举理性的旗帜，认为世间的一切都必须在理性法庭面前接受审判，不仅倡导个人要独立思考，也主张社会应当以理性作为判断是非的标准。它涉及宗教信仰、自然科学理论、社会制度、国家体制、道德体系、文化思想、文学艺术作品理论与思想倾向等。从知识论上来讲，从1860年至1919年五四运动爆发，受西方启蒙的各种自然科学知识被系统地介绍到了中国。大致说来，这些是14—18世纪科学革命和启蒙运动时期的社会科学和自然科学的知识。在社会科学方面包括了政治学、语言学、经济学、心理学、社会学、人类学等学科，而在自然科学方面则包含了物理学、化学、地质学、天文学、生物学、医学、遗传学、生态学等学科。按照胡适（1891—1962）的观点，新文化运动和五四运动应当分别来看待：前者重点在白话文、文学革命、西化与反传统，是一场类似文艺复兴的思想与文化的革命，而后者主要是

1 梁启超：《西学书目表·序例》，收入《饮冰室合集》，中华书局1989年版，第123页。

一场政治革命。根据王锦民的观点，“新文化运动很有文艺复兴那种热情的、进步的色彩；而接下来的启蒙思想的冷静、理性和批判精神，新文化运动中也有，但是发育得不充分，且几乎被前者遮蔽了”。[1]五四运动以来，中国接受了尼采等人的学说。“在某种意义上说，近代欧洲启蒙运动的思想成果，理性、自由、平等、人权、民主和法制，正是后来的‘新’思潮力图摧毁的对象”。[2]近代以来，中华民族的确常常遭遇生死存亡的危局，启蒙自然会受到充满革命热情的救亡的排挤，而需要以冷静的理性态度来对待的普遍知识，以及个人的独立人格和自由不再有人予以关注。因此，近代以来我们并没有接受一个正常的、完整的启蒙思想，我们一直以来所拥有的仅仅是一个“半启蒙状态”。今天我们重又生活在一个思想转型和社会巨变的历史时期，迫切需要全面地引进和接受一百多年来的现代知识，并在思想观念上予以重新认识。

1919年新文化运动的时候，我们还区分不了文艺复兴和启蒙时代的思想，但日本的情况则完全不同。日本近代以来对“南蛮文化”的摄取，基本上是欧洲中世纪至文艺复兴时期的“西学”，而从明治维新以来对欧美文化的摄取，则是启蒙

1 王锦民：《新文化运动百年随想录》，见李雪涛等编《合璧西中——庆祝顾彬教授七十寿辰文集》，外语教学与研究出版社2016年版，第282—295页，此处见第291页。

2 同上。

时代以来的西方思想。特别是在第二个阶段，他们做得非常彻底。[1]

三

罗素在《西方哲学史》的“绪论”中写道：“一切确切的知识——我是这样主张的——都属于科学，一切涉及超乎确切知识之外的教条都属于神学。但是介乎神学与科学之间还有一片受到双方攻击的无人之域；这片无人之域就是哲学。”[2]康德认为，“只有那些其确定性是无可置疑的科学才能成为本真意义上的科学；那些包含经验确定性的认识（Erkenntnis），只是非本真意义上所谓的知识（Wissen），因此，系统化的知识作为一个整体可以称为科学（Wissenschaft），如果这个系统中的知识存在因果关系，甚至可以称之为理性科学（Rationale Wissenschaft）”。[3]在德文中，科学是一种系统性的知识体系，是对严格的确定性知识的追求，是通过批判、质疑乃至论证而对知识的内在固有理路即理性世界的探索过程。科学方法有别

---

1 家永三郎著，靳丛林等译：《外来文化摄取史论》，大象出版社2017年版。

2 罗素著，何兆武、李约瑟译：《西方哲学史》（上卷），商务印书馆1963年版，第11页。

3 Immanuel Kant, *Metaphysische Anfangsgründe der Naturwissenschaft.* Riga: bey Johann Friedrich Hartknoch, 1786. S. V-VI.

于较为空泛的哲学，它既要有客观性，也要有完整的资料文件以供佐证，同时还要由第三者小心检视，并且确认该方法能重制。因此，按照罗素的说法，人类知识的整体应当包括科学、神学和哲学。

在欧洲，“现代知识社会”(Moderne Wissensgesellschaft)的形成大概从近代早期一直持续到了1820年。[1]之后便是知识的传播、制度化以及普及的过程。与此同时，学习和传播知识的现代制度也建立起来了，主要包括研究型大学、实验室和人文学科的研讨班（Seminar)。新的学科名称如生物学（Biologie)、物理学（Physik）也是在1800年才开始使用;1834年创造的词汇“科学家”(Scientist）使之成为一个自主的类型，而“学者”(Gelehrte）和“知识分子”(Intellekturlle)也是19世纪新创的词汇。[2]现代知识以及自然科学与技术在形成的过程中，不断通过译介的方式流向欧洲以外的世界，在诸多非欧洲的区域为知识精英所认可、接受。今天，历史学家希望运用全球史的方法，祛除欧洲中心主义的知识史，从而建立全球知识史。

本学期我跟我的博士生们一起阅读费尔南·布罗代尔

1 Cf. Richard van Dülmen, Sina Rauschenbach (Hg.), *Macht des Wissens: Die Entstehung der Modernen Wissensgesellschaft.* Köln: Böhlau Verlag, 2004.

2 Cf. Jürgen Osterhammel, *Die Verwandlung der Welt: Eine Geschichte des 19. Jahrhunderts.* München: Beck, 2009. S. 1106.

（Fernand Braudel，1902—1985）的《地中海与菲利普二世时代的地中海世界》（*La Méditerranée et le Monde méditerranéen à l'époque de Philippe II*，1949）一书。[1]在“边界：更大范围的地中海”一章中，布罗代尔并不认同一般地理学家以油橄榄树和棕榈树作为地中海的边界的看法，他指出地中海的历史就像是一个磁场，吸引着南部的北非撒哈拉沙漠、北部的欧洲以及西部的大西洋。在布罗代尔看来，距离不再是一种障碍，边界也成为相互连接的媒介。[2]

发源于欧洲文艺复兴时代末期，并一直持续到18世纪末的科学革命，直接促成了启蒙运动的出现，影响了欧洲乃至全世界。但科学革命通过学科分类也影响了人们对世界的整体认识，人类知识原本是一个复杂系统。按照法国哲学家埃德加·莫兰（Edgar Morin，1921—　）的看法，我们的知识是分离的、被肢解的、箱格化的，而全球纪元要求我们把任何事情都定位于全球的背景和复杂性之中。莫兰引用布莱兹·帕斯卡（Blaise Pascal，1623—1662）的观点：“任何事物都既是结果又是原因，既受到作用又施加作用，既是通过中介而存在又是直接存在的。所有事物，包括相距最遥远的和最不相同的事物，都被一种自然的和难以觉察的联系维系着。我认为不认识

1 布罗代尔著，唐家龙、曾培耿、吴模信等译：《地中海与菲利普二世时代的地中海世界》（全二卷），商务印书馆2013年版。

2 同上书，第245—342页。

整体就不可能认识部分，同样地，不特别地认识各个部分也不可能认识整体。”[1]莫兰认为，一种恰切的认识应当重视复杂性（complexus）——意味着交织在一起的东西：复杂的统一体如同人类和社会都是多维度的，因此人类同时是生物的、心理的、社会的、感情的、理性的；社会包含着历史的、经济的、社会的、宗教的等方面。他举例说明，经济学领域是在数学上最先进的社会科学，但从社会和人类的角度来说它有时是最落后的科学，因为它抽去了与经济活动密不可分的社会、历史、政治、心理、生态的条件。[2]

四

贝克出版社（C. H. Beck Verlag）至今依然是一家家族产业。1763年9月9日卡尔·戈特洛布·贝克（Carl Gottlob Beck，1733—1802）在距离慕尼黑100多公里的讷德林根（Nördlingen）创立了一家出版社，并以他儿子卡尔·海因里希·贝克（Carl Heinrich Beck，1767—1834）的名字来命名。在启蒙运动的影响下，戈特洛布出版了讷德林根的第一份报纸与关于医学和自然史、经济学和教育学以及宗教教育

1 转引自莫兰著，陈一壮译：《复杂性理论与教育问题》，北京大学出版社2004年版，第26页。

2 同上书，第30页。

的文献汇编。在第三代家族成员奥斯卡·贝克（Oscar Beck，1850—1924）的带领下，出版社于1889年迁往慕尼黑施瓦宾（München-Schwabing），成功地实现了扩张，其总部至今仍设在那里。在19世纪，贝克出版社出版了大量的神学文献，但后来逐渐将自己的出版范围限定在古典学研究、文学、历史和法律等学术领域。此外，出版社一直有一个文学计划。在第一次世界大战期间的1917年，贝克出版社独具慧眼地出版了瓦尔特·弗莱克斯（Walter Flex，1887—1917）的小说《两个世界之间的漫游者》（*Der Wanderer zwischen beiden Welten*），这是魏玛共和国时期的一本畅销书，总印数达一百万册之多，也是20世纪最畅销的德语作品之一。[1]目前出版社依然由贝克家族的第六代和第七代成员掌管。2013年，贝克出版社庆祝了其

1 第二次世界大战后，德国汉学家福兰阁（Otto Franke，1863—1946）出版《两个世界的回忆——个人生命的旁白》（*Erinnerungen aus zwei Welten: Randglossen zur eigenen Lebensgeschichte*. Berlin: De Gruyter, 1954.）。作者在1945年的前言中解释了他所认为的“两个世界”有三层含义：第一，作为空间上的西方和东方的世界；第二，作为时间上的19世纪末和20世纪初的德意志工业化和世界政策的开端，与20世纪的世界；第三，作为精神上的福兰阁在外交实践活动和学术生涯的世界。这本书的书名显然受到《两个世界之间的漫游者》的启发。弗莱克斯的这部书是献给1915年阵亡的好友恩斯特·沃切（Ernst Wurche）的：他是“我们德意志战争志愿军和前线军官的理想，也是同样接近两个世界：大地和天空、生命和死亡的新人和人类向导”。（Wolfgang von Einsiedel, Gert Woerner, *Kindlers Literatur Lexikon,* Band 7, Kindler Verlag, München 1972.）见福兰阁的回忆录中文译本，福兰阁著，欧阳甦译：《两个世界的回忆——个人生命的旁白》，社会科学文献出版社2014年版。

成立二百五十周年。

1995年开始，出版社开始策划出版“贝克通识文库”(C.H.Beck Wissen)，这是“贝克丛书系列”(Beck’schen Reihe)中的一个子系列，旨在为人文和自然科学最重要领域提供可靠的知识和信息。由于每一本书的篇幅不大——大部分都在一百二十页左右，内容上要做到言简意赅，这对作者提出了更高的要求。“贝克通识文库”的作者大都是其所在领域的专家，而又是真正能做到“深入浅出”的学者。“贝克通识文库”的主题包括传记、历史、文学与语言、医学与心理学、音乐、自然与技术、哲学、宗教与艺术。到目前为止，“贝克通识文库”已经出版了五百多种书籍，总发行量超过了五百万册。其中有些书已经是第8版或第9版了。新版本大都经过了重新修订或扩充。这些百余页的小册子，成为大学，乃至中学重要的参考书。由于这套丛书的编纂开始于20世纪90年代中叶，因此更符合我们现今的时代。跟其他具有一两百年历史的“文库”相比，“贝克通识文库”从整体知识史研究范式到各学科，都经历了巨大变化。我们首次引进的三十多种图书，以科普、科学史、文化史、学术史为主。以往文库中专注于历史人物的政治史、军事史研究，已不多见。取而代之的是各种普通的知识，即便是精英，也用新史料更多地探讨了这些“巨人”与时代的关系，并将之放到了新的脉络中来理解。

我想大多数曾留学德国的中国人，都曾购买过罗沃尔特出版社出版的“传记丛书”(Rowohlts Monographien)，以及“贝克通识文库”系列的丛书。去年年初我搬办公室的时候，还整理出十几本这一系列的丛书，上面还留有我当年做过的笔记。

五

作为启蒙时代思想的代表之作，《百科全书》编纂者最初的计划是翻译1728年英国出版商钱伯斯出版的《百科全书》(*Cyclopaedia: or, An Universal Dictionary of Arts and Sciences*)，但以狄德罗为主编的启蒙思想家们以“改变人们思维方式”为目标，[1]更多地强调理性在人类知识方面的重要性，因此更多地主张由百科全书派的思想家自己来撰写条目。

今天我们可以通过“绘制”(mapping)的方式，考察自19世纪60年代以来学科知识从欧洲被移接到中国的记录和流传的方法，包括学科史、印刷史、技术史、知识的循环与传播、迁移的模式与转向。[2]

徐光启在1631年上呈的《历书总目表》中提出：“欲求超

1 Lynn Hunt, Christopher R. Martin, Barbara H. Rosenwein, R. Po-chia Hsia, Bonnie G. Smith, *The Making of the West: Peoples and Cultures, A Concise History,* Volume II: Since 1340. Bedford/St. Martin's, 2006, p. 611.

2 Cf. Lieven D'hulst, Yves Gambier (eds.), *A History of Modern Translation Knowledge: Source, Concepts, Effects.* Amsterdam: John Benjamins, 2018.

胜，必须会通，会通之前，先须翻译。”[1]翻译是基础，是与其他民族交流的重要工具。“会通”的目的，就是让中西学术成果之间相互交流，融合与并蓄，共同融汇成一种人类知识。也正是在这个意义上，才能提到“超胜”：超越中西方的前人和学说。徐光启认为，要继承传统，又要“不安旧学”；翻译西法，但又“志求改正”。[2]

近代以来中国对西方知识的译介，实际上是在西方近代学科分类之上，依照一个复杂的逻辑系统对这些知识的重新界定和组合。在过去的百余年中，席卷全球的科学技术革命无疑让我们对于现代知识在社会、政治以及文化上的作用产生了认知上的转变。但启蒙运动以后从西方发展出来的现代性的观念，也导致欧洲以外的知识史建立在了现代与传统、外来与本土知识的对立之上。与其投入大量的热情和精力去研究这些“二元对立”的问题，我以为更迫切的是研究者要超越对于知识本身的研究，去甄别不同的政治、社会以及文化要素究竟是如何参与知识的产生以及传播的。

此外，我们要抛弃以往西方知识对非西方的静态、单一方向的影响研究。其实无论是东西方国家之间，抑或是东亚国家之间，知识的迁移都不是某一个国家施加影响而另一个国家则完全

1 见徐光启、李天经等撰，李亮校注：《治历缘起》（下），湖南科学技术出版社2017年版，第845页。

2 同上。

被动接受的过程。第二次世界大战以后对于殖民地及帝国环境下的历史研究认为，知识会不断被调和，在社会层面上被重新定义、接受，有的时候甚至会遭到排斥。由于对知识的接受和排斥深深根植于接收者的社会和文化背景之中，因此我们今天需要采取更好的方式去重新理解和建构知识形成的模式，也就是将研究重点从作为对象的知识本身转到知识传播者身上。近代以来，传教士、外交官、留学生、科学家等都曾为知识的转变和迁移做出过贡献。无论是某一国内还是国家间，无论是纯粹的个人，还是由一些参与者、机构和知识源构成的网络，知识迁移必然要借助于由传播者所形成的媒介来展开。通过这套新时代的“贝克通识文库”，我希望我们能够超越单纯地去定义什么是知识，而去尝试更好地理解知识的动态形成模式以及知识的传播方式。同时，我们也希望能为一个去欧洲中心主义的知识史做出贡献。对于今天的我们来讲，更应当从中西古今的思想观念互动的角度来重新审视一百多年来我们所引进的西方知识。

知识唯有进入教育体系之中才能持续发挥作用。尽管早在1602年利玛窦的《坤舆万国全图》就已经由太仆寺少卿李之藻（1565—1630）绘制完成，但在利玛窦世界地图刊印三百多年后的1886年，尚有中国知识分子问及“亚细亚”“欧罗巴”二名，谁始译之。[1]而梁启超1890年到北京参加会考，回粤途经

---

1 洪业：《考利玛窦的世界地图》，载《洪业论学集》，中华书局1981年版，第150—192页，此处见第191页。

上海，买到徐继畬（1795—1873）的《瀛环志略》（1848）方知世界有五大洲！

近代以来的西方知识通过译介对中国产生了巨大的影响，中国因此发生了翻天覆地的变化。一百多年后的今天，我们组织引进、翻译这套“贝克通识文库”，是在“病灶心态”“救亡心态”之后，做出的理性选择，中华民族蕴含生生不息的活力，其原因就在于不断从世界文明中汲取养分。尽管这套丛书的内容对于中国读者来讲并不一定是新的知识，但每一位作者对待知识、科学的态度，依然值得我们认真对待。早在一百年前，梁启超就曾指出：“……相对地尊重科学的人，还是十个有九个不了解科学的性质。他们只知道科学研究所产生的结果的价值，而不知道科学本身的价值，他们只有数学、几何学、物理学、化学等概念，而没有科学的概念。”[1]这套读物的定位是具有中等文化程度及以上的读者，我们认为只有启蒙以来的知识，才能真正使大众的思想从一种蒙昧、狂热以及其他荒谬的精神枷锁之中解放出来。因为我们相信，通过阅读而获得独立思考的能力，正是启蒙思想家们所要求的，也是我们这个时代必不可少的。

李雪涛

2022年4月于北京外国语大学历史学院

---

1 梁启超：《科学精神与东西文化》（8月20日在南通为科学社年会讲演），载《科学》第7卷，1922年第9期，第859—870页，此处见第861页。

目　录

第一章 启蒙运动：一个全新的时代

1. 启蒙是答案

启蒙运动旨在通过启蒙追求真理，同时也追求自由和独立。“启蒙”最初指一场理性的运动，旨在以“启蒙理智”解释概念、消除无知和不理性等（启蒙的理性主义概念）；“启蒙”同时也是“人走出归责于其自身的未成熟状态”，是引导人们打破一切束缚的解放行动（启蒙的解放概念）。

与之相对的是历史意义上的“启蒙运动”，它指或多或少计划以字面意义上的启蒙为纲领性目标的历史运动，主要发生在18世纪（时间上存在不确定性），所以也被称作“启蒙运动”。直到18世纪末，许多符合启蒙自我认知的名称也相继出现。启蒙运动的首要信仰是理智和理性，启蒙运动主导的时代也被称作“理性的时代”，其本质是批判（对迷信、偏见、狂热和幻想的批判），所以也被称作“批判的时代”。因为哲学在18世纪总体上处于指导地位，所以也被称作“哲学的世纪”。迄今为止，以启蒙为名义的活动层出不穷，它们强调批判、强调理性，以自由为导向，或要求发起启蒙的活动，即使其中大部分活动只是间接涉及启蒙或与启蒙有关联，但仍与“启蒙运动的时代”有关。

从历史角度来看，启蒙运动最初是对某个情况的回应。随着最早的中央集权国家和英法等民族大国形成、宗教改革以及教会分裂，欧洲出现了自16世纪以来全新的思想问题和社会问题，而一门倾向摆脱神学和哲学的新兴学科则加剧了这种局面的形成。所谓新时代是从在思想和社会生活各领域建立新秩序的斗争开始，尤其是关于真正的宗教和正确的国家秩序的知识之间的政治争论。以三十年战争为代表的国家内部和国家之间的意识形态和军事冲突塑造了17世纪，也为17世纪末启蒙运动的产生创造了条件。

17世纪下半叶的宗教问题主要表现为教派分裂。16世纪的宗教改革没能提出让各方都接受的方案，只是产生了相互竞争的教会和教派，从而引发了新的神学争论，最终引发了一场政治争论。1648年签订的《威斯特伐利亚和约》也只是在一定程度上缓和了德国的局势，英国和法国的流血战争仍延续了几十年。面对宗教战争和内战造成的长期创伤，产生出两种相互紧密联系的要求：理性宗教与自然神学的假设和宗教自由的假设，后者可以扩展为要求普遍的思想和言论自由，再到后来的新闻自由。然而最重要的是启蒙运动放弃了在教会信条中寻找真正的宗教，转而在实际的道德中寻找真正的宗教；鉴于宗教真理的不确定性，美德成为世间宗教的替代品。启蒙运动对理性、自由和美德的强烈要求就是这样发展起来的。

启蒙运动认为，政治也具有不理性、不自由和不道德的特点。君主制自古以来就是政治常态，只在启蒙运动后期某些特殊情况下才受到质疑。面对新的权力和秩序问题，各国的君主制都倾向于实行专制制度，首先借助资产阶级镇压旧贵族，再用新军队镇压发展壮大的资产阶级。启蒙运动（如果不能像英国一样发现旧制度——君主立宪制）可能由此走向两种结果：尝试利用专制制度达到自己传播美德和理智的目的，必要时寄希望于通过改革实现自由；或者将君主专制看作改良世界的主要障碍、看作独裁或暴政，直接与其开展斗争并以一种或另一种形式宣扬革命。绝大多数没有为自由化君主立宪制辩护过的启蒙主义者追求的是起初更有希望的第一种选择——君主专制制，力求在一种开明的改革专制制度中将启蒙运动与专制主义相结合。直到法国大革命后，一批（但远非全部）启蒙主义者才公开支持民主共和制，无论以何种形式。启蒙主义者对理性和道德的担忧明显大于对所有人获得自由的兴趣。

自16世纪以来，自然科学逐渐发展成自己的精神力量，是当时第一个独立运用理性和理智的范例。17世纪中叶，自然科学已经摆脱了大多数独断专行的教会的限制，成为独立于神学的思维模式。人们开始向往一种更加自由、与科学紧密联系的哲学。

认识世界的过程中出现了一种去神学化的趋势，人们开始理性地认识上帝、认识人性以及思索实践、技术和道德问题。得益于自然科学的进步，人们开始思考建立新的政治科学和道德科学（天赋人权），也更加期待理性和自由。简而言之，哲学和启蒙运动可以将自然科学看作它们的主要盟友，并将自己视为科学。

审视过宗教、政治和科学后，启蒙运动从一开始就清楚表明自己是对历史形势的反映。启蒙主义者经历过宗教和政治的不理性，也看到了理智和理性在新科学中取得的成功，他们把赌注押在了理智和理性上，具体来说是押在了自己的思想（自我思考）上，因此必须逐渐争取更多自由（成熟）。理性是捍卫事实真相的手段和审判者，它反对真正的非理性、假象和“迷惑”。首先要批判迷信、幻想、偏见和狂热，这些概念都明显针对宗教的表现形式，人们也都批判其堕落。因为信仰和社会存在缺陷，所以通过理性辨别出的自然取代了历史启示，即部分科学、部分形而上学的标准自然概念成为真理的规范和标准，或许正因矛盾的存在，使得这一自然概念成为强调此类争论的新的聚集地。由于启蒙运动无法直接影响到政治和宗教权力，所以增加知识之光（改良理智）及其期待的传播道德（改良意志）则成为启蒙运动的首要目标。在这一背景下，大多数人对启蒙运动的要求和希望（进步和自由、宽容和人权等）都可以理解为对理性的希望与决心产生的结果。

一般来说，18世纪的启蒙运动是一场精神与社会的改革运动，在启迪思想方面，它不仅承诺取得思想进步，还承诺改善所有关系。显然，经过几个世纪主要集中在神学领域的思考，人们对人类学研究的兴趣大大增加，不仅促进了人类科学的进步，也使人们开始探讨人类命运的问题。因此逐步增强的资产阶级社会性取代了对上帝及其他宗教的信仰。经过几个世纪的虔诚、迷信和缺乏批判思维，在反复要求批判迷信、偏见、狂热和幻想的过程中明显出现了批判思维的趋势，既依照个体理性，又呼唤个体理性，旨在理性、独立地思考，具有合理性和真实性的特点。思想和行动上的独立成为核心要求，因为它们都间接暗示了对自由的需求，然而由于一直缺乏直接要求美德发挥作用的机会，很多启蒙主义者似乎希望改善个人进而改善社会。

启蒙运动不仅是思想的形成。为应对历史挑战，启蒙运动最初是一个新时代的觉醒，因此也是对传统的突破，是旨在改变的一个过程，不仅是反思的过程，也是改革的过程。就其方式和意图而言，它是一场精神和道德的改革运动，但又是一场各阶层都参与的宗教和政治改革运动。当然，有一类野心勃勃的社会群体希望获得最多的利益，改变和改善世界的意愿也最为强烈，他们就是第三等级，即资产阶级。精神上和物质上独树一帜的资产阶级（资产者、受过教育的公民等）推动了理想和物质的进步，他们在以理性和自由为目标的启蒙运动中，看到了反对思想统治和贵族权力的武器。资产阶级起初推崇非政治的个人道德，事实上也可能指向宗教和政治。

新思想与旨在改变生活的新意志相结合，想要发挥作用、落到实处。顾名思义，启蒙运动实际上是一种行动，不是自然而然的过程。它的力量源于承载并推动它前进的人的思想和意志，但启蒙运动的开端和先决条件很快被遗忘。启蒙成为一种世界观，一种在相对稳定的思想框架中变幻莫测的思想集合，一种与现实脱节的思想结构。

2.哲学是启蒙的方法

18世纪，各地对神学的兴趣都在下降时，哲学的声誉却达到了自古以来前所未有的高度，成为权威的思维方式。哲学家是启蒙运动伟大的策划者，法国启蒙主义者明确称自己为“哲学家”。虽然可能很多启蒙主义者将哲学看作神学的替代品，但启蒙运动将自己看作彻彻底底的世俗科学或智慧，不仅一如既往地追求自然的理性之光（区别于超自然启示或恩典之光），而且现在还着重强调不同之处。当然，启蒙运动也越来越排斥用《四福音书》来修正对自然的认识。德国的启蒙主义者为了将哲学与神学相区分，甚至在术语上将自己称为“世界智慧”。但到了18世纪，启蒙运动与科学之间的区别越来越明显，也可以说是哲学与科学的不同越来越明显。

当17世纪的现代科学倾向于脱离神学和哲学的认识发展时，哲学首先尝试按照方法论，以及精确、普适的科学模型重新建构自己，让形而上学作为科学来超过物理学，再从认识论的角度探究这门科学，并论证哲学是一门元科学。同时，精确科学的经验假设特征越发明显，人们必须知道科学无法回答基本问题，科学实证主义对终极原理的探索还没有结束。一些人已经看到了缺乏道德的情况下滥用科学的危险，很多人甚至担心科学以及科学固有的无神论和唯物主义会毁灭宗教。无论如何，至少精确科学的方法论并不探究生命的意义，所以精确科学无法回答任何原则问题或现实问题。而哲学现在有望回答这些问题。尽管启蒙运动一直引用科学，但它本身并不是一门科学，倘若它将自身看作科学知识，也一定是从非常广义的角度理解科学的。如果人们将启蒙运动称为科学，或是启蒙主义者自称哲学家，那么人们当然必须从非常广义的角度理解科学。从学科专业的角度看，虽然哲学成为新的“主导科学”，但启蒙主义者通常情况下并非专业出身的哲学家。作为指导性知识和指导性尝试，启蒙基本回答了（鉴于宗教失去确定性）通过科学变得显而易见的意义问题。

哲学与科学的关系，一方面始终归结到哲学是否以及如何成为一门精确、确定且普适的科学，另一方面一定会指向认识论和认识批判。18 世纪尤其强调二者之间的关系，因为启蒙哲学以及启蒙都致力于解决实践问题，即法律和道德问题（如情感论或自然法学说）、政治学和教育学问题以及医学和技术问题，所以思辨形而上学通常受到轻视。尽管如此，理论哲学仍始终存在，尤其是认识论，当然也有形而上学，但启蒙哲学几乎一直将自己定位为实践哲学，从批判视角应用的启蒙哲学甚至是一类哲学斗士。

尽管哲学力争与科学结成一个批判联盟，但也时常与文学形成独特的共生关系，二者同样注重传播理智和美德。哲学家有时也是诗人，这是双方共同促成的合作。一方面，诗人的能力始终与其知识背景相联系，知识是艺术的前提，例如：语法和诗学、神话学和象征性。学者也对各类知识尤其是哲学知识感兴趣，他们想传播启蒙运动，所以诗人首先是学者。当然，并非所有文学形式都适合启蒙运动，例如诗歌、古典叙事诗和古典悲剧都是贵族所倾向的。但与之相反，教育诗、寓言和讽刺文学等短小、有启发意义的文学形式都经历过繁荣期。此外，以模仿交流的书信体为代表的18世纪小说（摆脱了传统诗学规则），为自由表达创造了很大的空间。另一方面，启蒙主义者既然想通过信息和批判来改变世界，那就必然会对传播他们的“世界智慧”感兴趣。因为18世纪的哲学家实际行动的机会和以前一样十分有限，启蒙主义者必须试着用思考和写作改良世界。因此，哲学必须适应世界的发展，毕竟哲学在几个世纪以来都只是学院哲学，而“世界智慧”必须是世俗的智慧、世界的知识和世界的智慧。简而言之，哲学必须流行、实用，想要成为“大众哲学”或“世界哲学”就必须为自身传播找到尽可能吸引人眼球的文学形式。所以哲学家和诗人经常在具有娱乐性和教育意义的出版物中相遇。哲学和文学共同构建了启蒙运动的“纸文化”，这是一种包罗万象的文字艺术、写作艺术；二者还让18世纪成了“泼墨的世纪”。因此，18世纪启蒙运动主要谈论的是哲学和文学。

3. 启蒙的表现形式

正如启蒙的纲领性概念可以系统区分为理性主义启蒙、解放启蒙、自我启蒙、他者启蒙、自上而下的启蒙或自下而上的启蒙、诸侯启蒙和大众启蒙等，启蒙的历史概念（如按照世代和民族）也一定可以继续划分下去。虽然基本思想在一定程度上是统一的，但只要审视启蒙运动发展的时间和地点，就会发现很大的不同。这种差异性还来自精神生活和社会生活等诸多方面以及它们的各种不同实施方式（例如：哲学与文学、宗教与政治等）。这些因素导致启蒙运动中出现了很多表现形式，且这些表现形式之间有时几乎不存在关联。

虽然启蒙运动是18世纪影响力最大的一场运动，但它在实践中和时间上都与这一评价不一致。启蒙运动作为对欧洲宗教和政治基本情况的映射，早在1700年以前就已产生，几乎在17世纪80年代的同一时间在英国、法国和德国都清晰可见。启蒙运动的特点从一开始就受到各国萌芽阶段时不同历史背景的影响。3个国家有3个特殊趋势及其发生的日期作为启蒙运动萌芽的标志。英国1688年的光荣革命拉开了启蒙运动的序幕，这场具有决定意义的政治胜利建立了议会君主制，批判宗教的启蒙运动得以平稳发展。启蒙运动在法国始于1685年《南特敕令》的废止，这场宗教灾难几乎消灭或驱逐了所有新教徒

(胡格诺派)。天主教和专制制度之间牢不可破的关系使得法国成为一个反动的国家，启蒙运动等活动（最初是秘密组织的）只有反对派才会参加。在德国，没有一个划时代的、具有政治或宗教意义的日期可以被确定为启蒙运动的开端，但与此相关的是莱比锡大学于1687年轰动性地引入德语作为学术语言，引发了旨在全面推进文化和社会改革的大学改革。

一系列其他因素也导致了各国之间的差异。中世纪以来，英法两国联系密切，但也一直存在纷争，18世纪的文化交流和启蒙运动的传播使两国再度频繁交往。相比之下，支离破碎的德国在诸多方面都处于落后状态，被排除在这一文明进程之外。单从语言因素来看，德国文化尤其是德国启蒙运动几乎没有受到关注，但由于存在文化落差，德国一些地区在很大程度上接受了英国和法国的文化。尽管18世纪的启蒙运动强调世界主义，但实际上仍只是各民族独立发展，将爱国主义作为美德四处传播的行为加强了国家自我封闭的趋势。

英国、法国和德国的启蒙运动几乎同时开始，也几乎同时结束，不仅有各国国内的因素，也受到国际形势的影响。18世纪中叶，启蒙运动在英法德三国达到顶峰，此后几乎没有产生任何创新成果，都只是传播、深化既得成果。与此同时，在这三个国家中开始形成新的反对运动，准备结束启蒙运动强调的批判态度。然而真正导致启蒙运动结束的或许是1789年法国大革命这一出人意料的划时代事件。虽然大多数启蒙主义者最初欣然接受革命，其中一部分人甚至认为革命证实了他们大胆的希望，但是新的情况也迫使他们面临忠于自身思想或忠于反革命政府的两难境地。法国大革命的下一阶段（消灭专制主义、恐怖主义和帝国主义）决定全面反对启蒙运动。因此，尽管启蒙运动的许多代表人物19世纪初才离世，且在世时一直从事创作，但启蒙运动结束的标志被定格在1789年法国大革命的爆发、1793年大革命“堕落”、1799年拿破仑推翻法国督政府、1815年法兰西第一帝国瓦解。就此而言，启蒙运动的时代是一个定义足够明确的时代。无论怎样，德国的启蒙运动从哲学角度来看都可划分为四个时期：早期启蒙运动、学院哲学上层启蒙运动、通俗哲学上层启蒙运动和晚期启蒙运动。其他国家或其他文化领域可能会有不同的划分方式。

在任何情况下都会出现多种表现形式，而且各种文化活动的具体形式及活动发起者之间的差异也难以列举。宣扬理性、自由和道德的哲学家或多或少与法律、宗教、教育、农业、戏剧等领域的改革者有着不同的兴趣。一些发起者想要成熟的人参与，而另一些发起者也许只想要有用的或虔诚的公民参与，虽然都是启蒙主义者，但诗人的想法与哲学家肯定有所不同。此外，各国启蒙运动之所以会产生不同的表现形式，与各国启蒙运动不同的开始时间有关。一方面，启蒙主义者即便是孤军奋战，也必须延续现有的组织形式或制度以达到获取、传播知识的目的；另一方面，出现了类似启蒙运动的自治组织，例如：德国的大学从一开始就扮演重要角色，而在英国和法国则由俱乐部和沙龙承担了这一职责。各地发展的共同前提都是印刷术的进步。因为书面文字是启蒙运动最重要的传播媒介，除了不断增长的书籍产量外，到处都产生了信息性和批判性的刊物。报刊通过图书馆和阅读协会找到推理辩论的受众，因此成为启蒙运动的一支主要力量。此外，各地还成立了所谓爱国协会，为一般或特殊的改革服务，还有一些秘密社团（例如共济会），虽然与启蒙运动的宣传设想相悖，但它们许诺共享秘密，吸引了大量知名人士参与。

鉴于启蒙运动在英法德三国发展的差异性、在欧洲其他地区发展的多样性以及在代际发展、思想领域和实践操作中的不同性，人们有理由推测，比起讨论某一场启蒙运动，讨论各国启蒙运动要更好，而且在必要时对分析各国启蒙运动的差异和多样性大有裨益，例如德国启蒙运动的特点和独立性。但只要在英法德等国谈论启蒙，就会保留一个上位概念"启蒙运动"，从而假定了一种统一性或者共性。尽管在细节上存在差异和分歧，但实际上所有启蒙运动都具备某些共同的基本思想和意愿模式，各地对理性、自由和美德的要求已经或多或少成为基本要求，构成了一个相对稳定的基本希望结合体。与无知和非理性的斗争，尤其是与宗教非理性有关的斗争是关注的焦点问题，所以各地启蒙运动的隐喻（光明驱逐黑暗，智慧驱逐愚昧）也基本相同。在这方面，尽管启蒙运动的精神和社会基本趋势存在各种变化，但毫无疑问依旧存在统一性，甚至可能还存在一种更加统一、更加灵活、更加折中的启蒙运动概念。

当然，18世纪的启蒙主义者绝不只是启蒙主义者，他们也一直处在同时代的其他浪潮中，有时甚至自相矛盾地划归到反启蒙运动的流派之中。

有的科学家依然坚信巫术或魔法可以解释一切，有的哲学家既倾向于理性主义和经验主义，又倾向于密契主义，许多以理性为导向的作家也会多愁善感，经验主义认识论和批判实践的理性主义时常紧密共存。重要的是，科学（理性）和宗教（情感）的观点似乎一次又一次联系在一起。以德国为例，许多批判的启蒙主义者也同情虔敬主义。简而言之，启蒙运动的时代不存在化学革命中纯粹的启蒙主义者。

第二章 ——— 英国：常识与道德感

1. 议会制度与实用主义

曾经的英格兰，如今的英国，自古以来就受岛国地理位置的影响，远离欧洲大陆帝国，在很大程度上一直免受外部因素的影响。起初，岛上分裂为英格兰、威尔士和1328年才独立的苏格兰，之后才逐渐通过武力统一起来。爱尔兰也曾被武力征服，但一直反抗英国的统治，直到现在仍处于分裂状态。因此，18世纪的英国思想史既包括英格兰与威尔士之间，也包括苏格兰和爱尔兰之间时而紧密时而松散的联系。

中世纪以来，国王和男爵之间的斗争衍生出一种贵族议会，后来下层贵族（绅士）和资产阶级也加入其中，使英国自14世纪就开始了两院（上议院、下议院）共治的局面。亨利八世在位期间（1509—1547），其与妻子离婚导致英国教会与罗马教会反目，英国成立了国教会——英格兰圣公会。一个复杂的宗教问题也由此产生，因为苏格兰和爱尔兰（以及英格兰的广大阶层）起初信仰天主教，但之后苏格兰出现了一种侵略式的加尔文主义，并将长老会制度扩展到英格兰。恪守道德准则的英格兰加尔文主义者被称为“清教徒”，在资产阶级和议会中占据多数。英格兰还产生了很多教派，其中最著名的当数贵格会。伊丽莎白一世在位期间（1558—1603）使英格兰圣公会成为公认的国家教会，在她看来，其他教派都是异见者。

由不同宗教团体组成的议会与斯图亚特王朝中信奉天主教和实行专制主义的国王之间存在争端，而且在很大程度上决定了17世纪的发展。经过短暂的内战，议会的军队领袖奥利弗·克伦威尔（1599—1658）于1649年处决了国王查理一世，废除了君主制。虽然他主张宽容对待其他教派（天主教除外），但事实上之前受迫害的清教徒的容忍度并不低于天主教徒，在他们的统治下，女巫审判的次数达到了顶峰。克伦威尔死后不久，斯图亚特家族重新掌权，新的世界性君主制取代了宗教道德的军事独裁。但当新国王重新实施天主教化的政策时，议会立法将非圣公会教徒排除在国家高级公职之外，这种情况一直持续到19世纪。议会废黜国王，宣布威廉三世威廉·范·奥兰治（在位时间：1689—1702）在光荣革命中成为新王。长达150年的宗教战争和内战至此结束，议会制和新教取得了根本的胜利。国王承认议会权力，议会在一系列法律中宣布了有限的宽容和新闻自由。某种实用主义、可行的思想方法取代了流血的斗争。在政治和社会领域，国王与议会、贵族和资产阶级在一部混合的宪法中紧密联系，宗教领域的统治则由妥协和相对宽容取代了相互迫害。

自那时起，英国内部的政治发展相对缓慢，党派间（辉格党和托利党）的政治争论取代了军事斗争。1700年左右，宗教界的好战热情基本退却，经济利益的重要性突显。尽管英国内部始终存在政治争端，但17世纪的英国已经从农业国发展成贸易国，成为领先的贸易和殖民强国。新自由主义精神让自由贸易变得理所当然，进而开启了一个经济繁荣时期。18世纪中叶，工业革命发源于英格兰中部地区，珍妮纺纱机（1764）、双气缸蒸汽机（1765）和动力织布机（1785）等发明相继问世。英国成为世界上第一个完成工业革命的国家，但也比其他国家更早出现了工业时代的新型社会问题，贫富分化成为18世纪下半叶英国社会的特征。此外，美利坚合众国1776年宣布成立后，英国还失去了除加拿大之外的北美殖民地。

英国哲学和科学的发展成为新思想的重要出发点，其对新时代的重要性与宗教、社会和经济同样重要。17世纪的英国就已经在哲学和自然科学方面奠定了重要的现代基础。自中世纪晚期以来，英格兰和苏格兰重要的经院哲学倾向唯名论的趋势得到普遍接受后，一种强烈的经验主义倾向应运而生，即对经验事实“非形而上学”的探索，至今仍决定着盎格鲁-撒克逊人的心态。弗朗西斯·培根（1561—1626）是新时代第一位宣布自然科学时代即将到来的哲学家，他尝试通过自己的实验开启这一时代。培根曾担任英国大法官，塑造了英国典型的绅士学者和绅士哲学家的典范。那时的科学和哲学创新发生在故步自封的大学之外。英国皇家学会于1660年成立，发展为研究的中心机构。它的最高成就出现在自然科学领域，最初被看作自然哲学领域，例如：近代化学奠基人罗伯特·波义耳（1627—1691）和现代物理学奠基人艾萨克·牛顿（1643—

1727）。顺应时代精神，18世纪的研究从基础问题转向实际问题，尤其是改进技术和医学。

哲学领域也同样产生了变化。英国17世纪的哲学主要由三方面决定，这三方面是欧洲大陆没有的，而且对18世纪哲学产生了部分影响。一是在宗教对立和宗教战争的背景下，自然宗教或理性宗教的想法很早就作为对立面出现，代表人物是爱德华·赫伯特·冯·切伯里（1583—1648）。1700年左右，这种自然神论呈现出强烈的宗教批判特征。二是在宗教对立和内战的背景下，托马斯·霍布斯（1588—1679）在社会契约论的基础上提出了新的国家哲学，他的绝对主义政治理论在1700年以前还可以变为自由主义国家理论。三是哲学对自然科学的定位起初导致方法问题和哲学的科学特征问题，之后又引起对新型认识问题的批判讨论。正是这三方面的结合，英国在1700年左右才产生了新的思想观点。

在艺术、音乐和视觉艺术领域除了少数例外，新资产阶级平淡的心态并没有产生任何积极作用，音乐和绘画的发展脱离了启蒙运动，只有威廉·荷加斯（1697—1764）还认为他批判社会的画作和雕刻作品属于启蒙运动范畴。与此相反，英国应用艺术领域在欧洲范围内都具有创新性，也取得了成功，例如资产阶级生活和文化的发展。然而最成功的当数英国的园林和景观艺术，主要奠基人是威廉·肯特（1685—1748）。与法国花园的严格和对称相比，英式庭园显得更加自由，即随意的设计风格，英式庭园也因此成为共和主义反对专制主义的象征，但其实它们隶属富有的贵族的花园和公园。到18世纪末，英国的花园又变成了伪浪漫的人造花园。

从17世纪末到18世纪末，理智、务实的心态在各个领域都占据主导地位，并集中在实际的可能性和可行性上，例如：政治和宗教（国王和议会、国教会、异教的关系）规定妥协让步，限制哲学、科学猜想和有用的发明。因此产生了遵循所谓健全人类理智的政治、科学理性的理想。在这种心态和实用主义的基础上，英国在经历了较大的宗教和政治争端，即形而上学和军事争端后，发展出了自己独特的启蒙运动形式。

2. 从经验主义和热情到心理学至上论和实证主义

威廉·范·奥兰治1688年乘船前往英国时，哲学家约翰·洛克（1632—1704）和他在同一条船上。洛克出身于律师家庭，在牛津学过医学，因与贵族圈交好，曾在各办公机构四处游历。后来主要为沙夫茨伯里伯爵一世（1621—1683）服务，并追随他流亡到荷兰。洛克当时还有许多即将完成的论文，光荣革命后他成为政府官员，在工作之余完成了这些论文并将其顺利出版。他在文章中为英国启蒙运动在认识论、国家哲学、宗教哲学和教育领域方面奠定了基础。正是通过他的努力，英国哲学才完成了向人类学的重大转变。

洛克最重要的成就无疑是将现代科学认识论确立为一门独立的哲学学科。他的《人类理解论》(1690) 系统详尽地分析了人类认识的起源、确定性和范围。他还着重批判了天赋观念说，按照他的理论，人的心灵最初只是一张“白纸”，只有具备外在和内在经验（感觉和反省），人才能产生简单和复杂的想法。但这仅就事物所谓第一性质（大小、数量等）而言是正确的；所谓第二性质（温暖、颜色等）由我们内心产生的想法决定。洛克认为，对数学和道德规则的认识不依赖于经验而且具有普遍性；相反，尽管他高度评价牛顿，但他认为自然科学不是真正可证明的科学。在1700年的第四版书中，他强调理性是衡量标准，批评了狂热和兴奋。

洛克在光荣革命前就已经形成了他的国家理论，1690年发表了《政府论两篇》，为新君主制辩护。为了从人的利益和权利出发纯粹从人类学角度发展君主立宪制，洛克和霍布斯一样从自然状态出发，将其想象为普遍自由平等的和平状态。国家以一个契约为基础，目的旨在保护公民的生命、自由和财产，国家从根本上说是一个私人财产的利益集团。为了不堕落成专制主义，必须将权力分割。立法权是主要权力，必须由人民或议会掌握；国王拥有行政权和管理对外事务的权力。一旦国王触犯法律，就会因未遵守社会契约而失去权力。这种可以监管和终止契约的设想改变了原始的专制主义契约模型，使其更具自由主义特征。

洛克涉及宗教和教育的文章在当时也发挥了重要作用。1689年洛克发表《论宽容的信札》后，又在1690年和1692年发表了两篇文章，要求宽容对待所有宗教，前提是政教明确分离。仅有的例外是天主教徒（因为他们归顺于外国领袖——教皇）和无神论者。宗教是个人私事，教会与国家无异，是志同道合公民的自由联合体。

洛克在1695年出版的《基督教的合理性》中曾提到，这些观点的基础是他确信理性与（原始）基督教相符。他眼中（真正）的基督教只是信仰上帝派来的道德老师和立法者，这方面符合源于真正理性的自然宗教。启蒙运动同样可以追溯到规范的理性和自然，洛克在1693年出版的《教育漫话》中还批评了一般的学院式指导。他的理想方式是通过私立教育培养独立的英国绅士社会个体。

这些著作表明洛克是一类新的哲学家，属于“中上层阶级”，他依据自己的理智避免空想宗教、形而上学和自然哲学，厌恶狂热和幻想，在思想上和行动上用通俗易懂的语言为人们，尤其是为受过教育的公民在新的、进步的社会中提供指引。很多与他同时代的人都视他为新的哲学权威。他虽然提出很多批评，但从不极端，而是将自己定位为展现自身潜在理性、进步、宗教、道德的形象。他在一开始研究人类学时就已转向了心理学，他的认识论很大程度上是认识心理学，研究认识有效性的原因，即认识的起源。

洛克的宗教哲学似乎主要对他同时代的人产生影响，不仅受到批评还被极端化，以至于洛克不得已与其保持距离。在这些讨论中，自然宗教的想法与信仰和思想自由的权利发挥了作用，宗教哲学发展成了对宗教的批判，在内容上简化为自然神论，即一般来说信仰一位神明，神不会（例如通过奇迹）干预个人或历史。同时，宗教哲学使自己变得激进，以法律形式要求获得自由，终究也是非基督教思想。约翰·托兰德（1670—1722）从这一观点出发，于1696年发表《基督教并不神秘》，不仅文章遭到爱尔兰议会禁止，他本人还被暴君烧死。他形容自己是一个已经接近唯物主义的“自由思想家”，最后他认为自己是一个新“泛神论”宗教的创始人。安东尼·科林斯（1676—1729）1713年发表的《论自由思想》将自由思想理解为独立于权威的思想，尤其是不受约束地正确理解《圣经》。马修·廷德尔（1653—1733）在1730年所著的《基督教与创世同龄》中尝试走出基督教回到自然宗教。后来成为主教的弗朗西斯·哈奇森（1694—1746）1718年发表了《论巫术的历史》，寻求从历史角度解释女巫迷信，这篇文章1726年已被译为德语。相比之下，保守政治家博林布罗克子爵亨利·圣约翰（1678—1751）虽然倾向自然神论，但他只想赋予受教育阶层自由思考的权利，他认为群众受政治因素影响需要宗教的领导。

洛克忽视的伦理学领域也有显著发展，后来在英国广泛传播的道德感理论正是由此发展而来。虽然道德感理论在17世纪受到霍布斯等人坚持的利己主义理论的反对，但18世纪就已经成为领先的道德哲学和道德心理学。新的创始人是沙夫茨伯里伯爵三世安东尼·阿什利·库珀（1671—1713），虽然起初受到洛克的影响，但他其实更倾向基于柏拉图主义的神秘主义美学哲学。因此他与洛克相反，认为“热情”是完全积极的概念，对真善美的热情是获得充实生活的条件。他将兴趣转向有条理地分析人类对美和善的感觉、审美和道德感（常被视为一个整体）。伦理学建立在情感学说的基础上，因为道德更多地依赖于感觉而非理性。独立的“绅士哲学家”沙夫茨伯里与他同时代和同阶层的人一样反感系统的学院哲学，反感所有系统思考。他通过写作来发展他的思想（1711年发表《人、风俗、意见与时代之特征》），寻求一种接近生活的哲学，旨在让人善于交际、有道德。

沙夫茨伯里的哲学思想强调感觉，随即在英国拥有了一大批支持者，在学术哲学方面得到进一步提升，18世纪下半叶对德国也产生了影响。当主教约瑟夫·巴特勒（1692—1752）将道德感归因于上帝和良知时，生于爱尔兰但活跃于格拉斯哥的弗朗西斯·哈奇森创立了系统的道德心理学。他是之后苏格兰学派的创始人之一，继续发展了沙夫茨伯里偶尔使用的“道德感”概念，将其与原始的美感相类比，解释为人类自然的爱。

人们在分析对美的感知时，越来越倾向于将分析对道德的感知排除在外。哈奇森与研究美学的亨利·霍姆（1696—1782）和研究道德哲学的亚当·弗格森（1723—1816）一起将这种哲学传播到了苏格兰。弗格森曾在文章《文明社会史论》(1767）中写到了社会进步的历史，爱尔兰人埃德蒙·伯克（1729—1797）的早期作品《关于崇高和美的观念起源的哲学探讨》（1757）便属于这一思想领域，他后来以政治作家的身份成名。

反对沙夫茨伯里和他追随者的乐观主义道德感理论的主要代表人物是伦敦医生伯纳德·曼德维尔（1670—1733），他在《蜜蜂的寓言》(1714）中提出了人类根本上是自私的理论，社会美德无疑是必要的，但只能掩盖个人的不道德行为。然而整个社会最终都会受益于所有人的利己主义，尤其是奢靡之风。他认为，国家必须出台严厉的惩戒措施，防止犯罪行为失去控制。

当自然神论者激化了有关宗教哲学的讨论、沙夫茨伯里开启了对道德哲学和美学的讨论时，认识论领域也有了进一步的发展，虽然内容上与洛克的观点存在联系，但在意图上却与他的启蒙目的背道而驰。爱尔兰人乔治·贝克莱（1685—1753）曾担任传教士和主教，他厌恶现代批判宗教的启蒙主义者，称其为“琐碎的哲学家”，认为现代自然科学只是肤浅的知识。他的理论出发点是意识中想象的事实，他在1710年发表的作品《人类知识原理》中提出，事实上只有某些灵魂和精神具有意识。我们虽然对身体有看法，但事物只是现象，其存在仅在于被感知、被想象，没有证据表明身体世界真实存在。就此而言，存在在于感知和被感知。我们具备想象能力的唯一真正外因只能是我们有一个无所不能的精神，也就是上帝本身。贝克莱用这样的现象论（唯灵论或非物质论）来对抗怀疑论和唯物主义，捍卫上帝和真正的信仰。虽然无人延续他的这一观点，但从论证结构来看，他的认识批评论是认识论继续发展的一个重要阶段。贝克莱"健全的形而上学"本质上是基于人类学和心理学的一种意识分析，若是有其他意图，则基于他所反对的新哲学。尽管一些细节还存在争议，但这一集中在人类心理和意识的原则18世纪初就在英国得到普遍认同。旧的形而上学问题（像自然哲学一样的神学）已经过时，人类学成为形而上学中继续受到关注的问题。心理学成为形而上学新的替代品，尤其是道德和审美评价。现代自然科学得到普遍赞扬，但这时也只听凭源于经验的学者，仅仅（从旧形而上学的角度）被当作对现象的认识，区别于真正的科学。经验认识只传递初步或浅显的知识，就此而言经验主义早已超越了自身。因此，我们面临的所谓的知识是否有效是一个越发紧迫的问题。道德基础问题也处于同样的境地，尽管自然神论和自由主义在宗教和政治领域基本都被当作理所当然，但美学基础不断增加的伦理学依据依然存在问题。什么是真正的道德真相？是否足以将道德归结于道德感（如果真的存在）？这些问题会使英国哲学在18

世纪中叶前陷入危机。

大卫·休谟（1711—1776）在爱丁堡出生并学习法律，之后移居法国，在1739年和1740年分两部分出版了他的第一部哲学作品《人性论》，但并没能带给他期望的声誉，他在爱丁堡申请道德哲学教授职位也未能成功。因此他修改书稿，将其分成短小的论文，从而受到较多关注，比如：《道德和政治论文集》(1741)，但其中最重要的当数《人类理解研究》(1748)。休谟在格拉斯哥申请教授职位再次失败后，在爱丁堡做了几年图书管理员，主要从事历史研究。

休谟也尝试从健全人类理智的立场发展哲学，因此反对所有学院哲学，尤其是反对形而上学。他追求的哲学和研究都是为了人本身，他认为哲学的本质是分析人类学。他也在抽象的专业哲学和受欢迎的道德哲学导师之间寻找中间地带，前者探究思想和行动准则，后者讨人喜欢、贴近生活，印证了人类的极端理智。这种彻底的普遍理解的哲学真正造福于政治、道德，尤其有利于用健全的怀疑精神打击迷信。休谟有时也将这些（人类学的）原则称作“健康的形而上学”，他的最高理想是成为道德科学领域的牛顿。

为了确定我们认识的边界，休谟在他的认识论中研究了我们想象的起源。他区分了感官印象和思想，将所有思想归结于外在经验。我们的思想只是我们感官印象的模糊记忆，思考也只是对这些思想进行排序。经验主义就这样变成了感性主义，理智只是一个从属的工具。我们所有的想象都通过联想的规律相连，即相似性、时间和空间的联系以及因果关系。因果原理的想法必须追溯到习惯，即重复的经验，所有认识确定性都从根本上动摇了。鉴于科学认识的有效性，甚至是外部世界的存在，现在看来只有谨慎的怀疑是可能的。然而，经验、认识的出发点以及发展为感觉论的经验主义都存在问题。另一方面，休谟认为对我们认识有效性的怀疑纯粹是理论上的，在科学和生活世界中，有自然信仰事物的存在和决定事物的因果关系就足够了。持怀疑态度的启蒙运动在日常实践中转变成了新的实证主义，也在事实上越来越成为经验主义对形而上学的敌意，而非普通的理论对立。但休谟提出的理解知识的认知状态暂时还不清楚。

英国启蒙哲学史通常是从洛克到贝克莱再到休谟的认识论和经验主义的历史。但这一般是从现代认识论和理论科学的角度出发的描述，认识论只是当时哲学讨论的一小部分，而且各种理论的动机也大不相同。他们对人类理智和人性研究的意义只是或多或少在他们解释的目的中显现出来：洛克对抗教条主义，贝克莱对抗自由思想。此外，休谟已经用批判怀疑的眼光审视了洛克和贝克莱的启蒙与反启蒙思想。事实上，对所有确定认识的怀疑，破坏了所有启蒙运动的基本前提条件。

在伦理学方面，休谟继续走沙夫茨伯里及其支持者心理分析的老路，但他始终明显持怀疑态度。他认为道德不是建立在理性之上的，理性本身取决于倾向和热情，所谓的理性只是一种适度的情感，自由是一种幻觉。通过反思，人们可以通过克制利己主义和美德而不是诉诸暴力达到自己的目的，因此道德的基础是正确认识自己的利益。休谟通过假定存在无私的天性的设想，证明再次超越了这种功利主义。我们的内在能够自然感知好和有用，友善对待他人自然而然地激励我们成为品行端正的人。举足轻重的苏格兰学派将继续讨论这种他们认为倾向于道德哲学实证主义的道德心理学。

休谟对宗教哲学的贡献对同时代的人也十分重要。他最早在《自然宗教对话录》(尽管1751年开始创作，但因为当时不敢冒险，故在他去世后第三年才得以出版）中带着强烈的质疑讨论了自然神论提出的上帝存在的证据和认识论的问题。但他在《宗教的自然史》(1757) 中将宗教本身视作自然历史意义上历史的产物。他将多神论描述为所有因恐惧和欲望产生的宗教信仰的原始形式。他认为，一神论的出现是由于人们想将自己信仰的神塑造为至高无上的神，因此将各种宗教相比较只会导致对其内容和形式的怀疑，进而指向哲学。

休谟的哲学思想尤其在他的家乡苏格兰引起激烈讨论，具体来讲发展成苏格兰晚期启蒙运动最重要的开端，相关讨论集中产生于爱丁堡大学，与英国之前的启蒙运动相比具有更强的学术特点。但苏格兰晚期启蒙运动也与它的出发点紧密相连，因而强调反形而上学和心理学，常识和道德感的概念也在理论上得到修订。休谟最重要的支持者是他的朋友亚当·斯密（1723—1790），他的主要反对者是托马斯·里德（1710—1796）。

亚当·斯密是格拉斯哥的教授，原本是道德哲学家，认为人类天生就是自私的，但也会同情其他人，公正的旁观者认为的好就是好。斯密因其经济学理论而出名，1776年出版的《国富论》使其成为自由主义经济理论的创始人。斯密认为，每个人都有获取的本能，由此产生的劳动是一切财富的来源与衡量标准。如果让每个人都追求自己的利益，不约束人们发挥这些力量，这些利己主义者自然就会达到平衡状态，就像有一只看不见的手在引导一样。杰里米·边沁（1748—1832）和之前的哈奇森一样，宣称善的标准是大多数人的最大幸福，这种社会哲学在功利主义和实证主义方面得到了进一步发展，对19世纪的思想起到决定性的作用。边沁在当今以其监狱改革思想而闻名。

托马斯·里德认为休谟的怀疑主义认识论十分荒谬，但他依然坚持原始道德感和审美能力的观点，并把这些观点转移到认识能力上。他在作品《按常识原理探究人类心灵》(1764)中认为，我们的认识能力也有一定的原理，即所谓的健全人类理智的原则，并可通过内在经验发现，例如：基本逻辑定律或因果原理。这种对真善美的原始感觉是可以通过内在经验识别的意识事实，即常识。由此，英国启蒙运动以某种方式回到了最初洛克批判的天赋观念说，但这些观点现在被视为纯粹的心理学事实。

3. 从美德散文到黑色浪漫

法国的文学和哲学常常紧密相连，英国却相反，虽然在精神上与启蒙运动大体一致，但文学和哲学明显分离。美学虽是文学、艺术和哲学共同的兴趣领域，但也没有任何真正的结合。哲学美学总是太过笼统，在艺术美学和文学美学的具体问题中没有发挥任何作用，哲学的主体美学（die Subjektästhetik）几乎在实际中并未触及文学和艺术的客体美学（die Objektästhetik）。所以，它们从传统（古典主义或新古典主义）到现代（浪漫主义）在内容和形式上一直都是各走各的路。

光荣革命之后的几十年是物质和精神发展繁荣的时期。虽然与法国开展战争耗费了大量人力和物力，但军事和外交方面的成功最终也在经济上得到了回报。在一代人的时间里，英国从封建主义社会制度、政治和宗教社会发展成了强调市民的早期自由主义和早期资本主义的商业社会。虽然贵族的生活方式依旧是文化模范，但上层贵族显然失去了权力。与此同时，不仅是科学进步，利己的经济思想也逐渐成为人们普遍认可的经济技术进步的原因，催生出了新的、有自我意识的资产阶级生活方式。新时代平庸精神在英国尤为明显，不仅在哲学领域，还在整个文化中得到发展，它摧毁了古老的贵族和宗教世界，也使世俗的新资产阶级文化以及在世界范围取得成功的一种全新的文学的普及成为可能。虽然古典主义逐渐从贵族转向资产阶级，但17世纪的古典主义在很多领域仍然是规范模式，尤其在视觉艺术和文学领域。

而文学的发展却十分不同，启蒙运动前期几乎没有抒情诗，大剧院和悲剧的时代与粗俗的喜剧一样，似乎已经成为过去。但人们对喜剧和悲剧的兴趣显然不同。乔治·李洛（1693—1739）的《伦敦商人》(1731）等资产阶级散文悲剧的开端没有起到什么作用，而约翰·盖伊（1685—1732）模仿意大利歌剧创作的《乞丐歌剧》(1728）几乎在全世界取得了成功。显然，悲剧不符合资产阶级遵循秩序合理性的生活感受，这种生活感受的危机不会导致悲剧，而是讽刺或忧郁。资产阶级幸福和道德观念的脆弱性在《乞丐歌剧》中表现得尤为明显。

与注重情感及想象的抒情诗和戏剧不同，专门针对智性的教育作品特别符合新的时代精神，似乎只有优雅地表达、愉快地包装理性以及有用的东西才是重要的。亚历山大·蒲柏（1688—1744）是毫无争议的讽刺诗人。他从一开始就对古典主义理想修辞之优雅感到着迷，还曾在《批评论》(1711）中尝试用合适的诗句将这种理想表达出来。蒲柏从小饱受疾病和残疾的困扰，又因天主教徒的身份被挡在了高等教育的门外，但他依旧赞美自然、理性、古代榜样和良好的教养。他认为，艺术在于模仿有序、模范的自然，就像艺术是古代普遍流行的榜样一样。他后来创作了更广为流传的教育诗《论人》(1733)，其中这样描述英国启蒙运动的中心意图："研究人类最合适的对象是人。"但人类只是所有存在的庞大链条中的一环，在整体的和谐中，小的恶已经消除了。美德是自爱和博爱的统一，会给人类带来幸福。此外，我们还生活在一个新科学焕发新光芒的时代。"自然和自然法则隐藏在黑夜之中；上帝说，让牛顿去吧！于是一切都被照亮。"作为形而上学来处理第一原理的哲学，现在为了处理第二原理的物理学消失掉了。

展现自信只是蒲柏性格的一面，形式完美的古典主义也只是他才华的一面。他对社会嘲讽式的疏远，尤其对现代商业社会"贵族式"的蔑视，使他成为用尖锐作品揭露人性的伟大嘲讽者和讽刺作家。在滑稽喜剧英雄史诗《夺发记》(1712) 中，他成功运用了戏拟英雄的手法创作了这首嘲讽长诗。在后来的讽刺作品《群愚史诗》(1728) 中，他嘲笑他的批评者是笨蛋，他甚至在这里看到一个愚蠢、黑暗的时代即将来临。但蒲柏也能写出感伤的自然诗歌。他在庄园里改造了所谓英式庭园，里面还有一个著名的山洞。

创作有教育意义的诗歌不是18世纪的发明，基本是一种即将消亡的艺术形式。未来属于散文，散文在蒲柏时代就已在英国杂志上得到发展。这些道德周刊是英国启蒙运动特别典型、特别有效的产物。其旨在劝教和娱乐，但重要的是引导美德，它们在理性的基础上部分代替了宗教的心理疏导。这些道德周刊从英国新的政治新闻业中产生，比其他模仿它们的刊物更具政治性，这得益于1695年废除了严格的书刊检查制度和频繁的议会选举。各大党派领导人很快意识到，他们需要收买优秀的记者。甚至有记者同时给托利党和辉格党写作。

丹尼尔·笛福（1660—1731）来自小资产阶级家庭，是一个不从国教的新教徒的儿子，没有系统接受过教育，一生都是喜欢四处游走的冒险家。他最早的文学尝试是押韵的《纯正出身的英格兰人》(1701)，在文中成功嘲讽了对威廉·范·奥兰治的民族主义偏见。安妮女王登基（在位时间：1702—1714）后，英国圣公会内部发起了抵制不从国教者运动，笛福在这时创作了第二部讽刺作品《铲除不从国教者的最佳捷径》(1702)。托利党刚开始以为这是一篇严肃的作品，得知真相后将笛福关进监狱、绑上刑柱。一位托利党部长最终将他释放，并聘请他创办新杂志《评论》。此后9年基本都是笛福独自为杂志撰写文章，除政治问题外，还涉及一般社会问题，就像当时伦敦新式咖啡馆里展开的各种讨论一样。

英国新闻业开启了伟大的时代，尤其是就道德周刊而言。和不同社会背景的搭档共同经营的模式使得这类杂志形成了经典形式，如受过教育的公务员约瑟夫·艾迪生（1672—1719）和退役军人理查德·斯梯尔（1672—1729）。他们都曾在其他的文学领域有所建树，起初先是一起在斯梯尔出版的杂志《闲谈者》(1709—1711）工作，后来又一起出版了日报《旁观者》(1711—1712)。《闲谈者》只是结合了从政治到时尚等领域的新闻和论文,《旁观者》则完全专注于文学批评，除了普通杂文之外还有信件形式的杂文。普通的虚构人物和群体使呈现出的想法清晰有趣。二人共同完成这些工作后，斯梯尔自己还短期尝试创办了一个名气不大的杂志《保卫者》(1713)。

尽管有很多人模仿这些道德周刊，无论是个别杂志还是整个流派，持续的时间都相对较短，但无疑对形成新的舆论起到重要作用，既服务于政治宣传，又服务于传播新哲学。艾迪生在《旁观者》中称赞道:“我把哲学带出了衣橱、图书馆和学校，带进了俱乐部和聚会场所，带上了茶桌和咖啡馆。”道德周刊注重知识分子，但尤其注重读者的道德文化，它们通过这种方式承担了各教派显然不能完成的任务。它们还是女性教育的主要来源，因为女性被排除在正常的教育进程之外。

英国启蒙文学中最重要的也是影响最深远的是产生了资产阶级小说，这类小说的作者将其理解为“一种新的写作方式”，很短时间内创作了一批大师级作品，取代了押韵宫廷史诗，建立了新的散文类型并持续至今。这类小说所具备的松散、可塑的形式超越了经典的爱情和冒险故事，为观察各种研究、发表道德和心理学观点创造了空间。但这种小说起初是以荒谬的冒险故事和讽刺散文发展出来的。

第一位也许也是最伟大的叙述天才是记者兼讽刺作家丹尼尔·笛福，他对瘟疫时期的描述——《大疫年日记》(1722) 展现了他突出的共情能力。他吸引读者的独到之处在于他能将紧张的叙述、详细的描写和有启发性的解释巧妙地结合起来，1719年的连载小说《鲁滨孙漂流记》取得了巨大的成功。笛福在书中讲述了英国小资产阶级鲁滨孙流落荒岛的故事，鲁滨孙在冒险中成为一个虔诚、有道德的人，甚至还将一个野人变成了正派的基督徒和顺从的仆人。笛福将故事以真实报道为名出版，他认为如果别人知道这是虚构的游记，可能会有人出于各种目的模仿他的作品。

爱尔兰作家乔纳森·斯威夫特（1667—1745）与笛福完全不同，他是英国圣公会的牧师，接受过良好的教育，处在社会中较好的圈层。但他强行信奉理性主义和道德主义使他成了人民的蔑视者。他的主业是一名讽刺作家，但有时也追求政治生涯。他当过记者，还从辉格党转向托利党，出版了杂志《考察者》(1710)。1704年他匿名出版了讽刺作品《书籍之战》和《一只桶的故事》。《书籍之战》讽刺了法国20年来有关古代和现代作家谁处于优先地位的争论，蔑视现代知识分子，为古代作家站台，认为他们才是真正亲近自然的人。《一只桶的故事》既是宗教作品又是讽刺作品，是对英国宗教团体的批判，也是对现代科学的批判，他认为虔诚的人是狂热的，科学家是迂腐奇怪的。

托利党失势后，斯威夫特1713年返回都柏林，他在故土除了为爱尔兰的政治辩护外，还投身创作了他最著名的讽刺作品——1726年匿名出版的《格列佛游记》。这部虚构的游记讲述了格列佛前往外国的旅程，一路游历，从小人国到巨人国，最后到智马国——完全由理性引导的哲学之马所占领的岛屿。斯威夫特将人类描绘成了绝对坏、令人厌恶、不理性的存在，理性和道德的要求会导致悲观主义，最终造成精神错乱。

斯威夫特和笛福为叙事艺术尤其是英国小说的蓬勃发展奠定了基础。但塞缪尔·理查森（1689—1761）和亨利·菲尔丁（1707—1754）让英国小说的发展进入了新的时代。1740年左右，希望健全人类理智与希望自然道德之间产生乐观的联系的意愿开始明显瓦解。基于经验的理性认识能力似乎不仅越发受到哲学家的质疑，美德似乎也成为敏感的灵魂问题。哲学和文学开始开辟新的道路。18世纪中叶左右，英国的哲学和文学作品明显分离，甚至部分朝着相反方向发展：哲学和科学逐渐走向实证主义，文学却变得越来越多愁善感、越来越浪漫。但也可能是互补发展。哲学的实证主义科学化可能反映了不断发展的工业社会中新的现实情况，而文学作品尝试在道德感伤、忧伤的自然诗和黑色浪漫主义中创造一个相反的世界。同样不可忽视的是哲学和文学在研究情感时保留着共同的研究对象。

塞缪尔·理查森迈出了从（具备启发性的）冒险小说到心理小说的一步。他来自小资产阶级家庭，做过印刷商和出版商，赚了一些钱。他像艾迪生和斯梯尔一样，也偏爱使用书信体的文学形式。他将伦理道德写进书信体《写给好朋友的信和替好朋友写的信》(1741）中，并将之后创作的小说设计为书信体小说。他几乎只关心美德的可能性，尤其是被诱骗或被迫害的清白无辜的女性。他描绘的美德虽然符合理性并要求控制热情，但同时又完全是一个容易感伤流泪的对象（美德敏感性）。所有实际问题中健全的人类理智，以及天真地用道德估算美德和酬劳都与极端的敏感和细致的自我观察相联系。从这个角度看，女性第一次成为小说的中心得到了大量笔墨来描述，虽然她几乎不是一个独立行动的角色，更多是受苦、有反应的受害者形象。相反，大多数邪恶男性角色依然是幽灵般的存在。然而，理查森经历了所处时代的重要发展，他首先创作了小说《帕梅拉》(1740)，少女帕梅拉被道德败坏的主人折磨，但她勇敢抵抗一切诱惑和迫害，最后甚至改变了她的主人。作为奖励，女主人公和她的主人结了婚，两个人的幸福和美德以令人咋舌的方式结合在了一起。在后来的7卷小说《克莱丽莎》中，将两个有道德的女性与两个品行不端的男性在一起对比，多次成功实施诱骗的人并不幸福，但故事却以无辜、懦弱女主角的悲惨死亡告终。这里的“美德敏感性”通过使另一方艰难实现公平正义和忧伤的方式得以强调。

亨利·菲尔丁是伦敦的一名法官，他虽然是道德主义者，但他看透了流行道德的伪善，捍卫一种自然的，但又被广泛理解的道德。他的第一部小说《夏梅拉》(1741）最初着眼于讽刺模仿理查森的《帕梅拉》，描述了一位男性道德英雄脱离女主人公诱惑的诙谐冒险故事。但通过在他身边设置一个与世隔绝的英国乡村牧师角色，牧师从一个可笑的形象变成一个大家都喜欢的角色，新的人性维度便清晰可见。与之相反，小说《弃儿汤姆·琼斯的历史》(1749）讲述的是主人公被别人指出自己的各种不端行为，但菲尔丁认为他有着“善良的本性”，值得拥有圆满的结局。这样作用较弱的道德主要被社会虚假道德和奇幻小说故事的诙谐揭露所掩盖。

塞缪尔·约翰逊（1709—1784）早已发觉观众明显偏爱小说。约翰逊最初在道德周刊发表文章得名，之后自己创办杂志《漫步者》(1750—1752)，还在《全球纪事报》的专栏《漫步者》(1758—1760）发文，他也是英格兰第一部《英语辞典》(1755）的作者，但相比之下他的讽刺诗《人类愿望的虚幻》(1749）所取得的成就则稍显逊色。理查森和菲尔丁几乎将英国18世纪的小说推向了高潮。多比亚斯·斯摩莱特（1721—1771）延续了道德冒险小说的路线，他的《蓝登传》(1748)一直深受欢迎。奥利弗·哥尔德斯密斯（1730—1774）继续发展了感伤心理小说，他在《威克菲尔德的牧师》(1766）中将美德和感伤的结合达到了难以逾越的高度。

与此同时，英国小说的显著发展也引发了批判性的思考，文学再次滑稽地模仿小说。劳伦斯·斯特恩（1713—1768）1759年开始了他“未完成的”小说《项狄传》，通过在小说及理解中人为制造混乱、不可能以及荒谬的内容，表达了讽刺的意味。这导致人们希望过上与自然和谐相处的富有感情的生活，正如斯特恩最后在《穿越法国和意大利的伤感旅程》（1768）中描绘的那样。

但感伤主义也开始从其与美德的联系中解放出来，情感变得与兴趣，尤其是浪漫或恐怖的感觉越来越像，不再和理性存在积极的联系，甚至站在了理性的对立面。此外，新的感伤主义这时和体验自然的新形式相结合。自然在文学作品中一直起到重要作用，但在18世纪前几十年的英国文坛就像田园诗和牧羊诗一样，仍然表现出田园、理性、和谐的自然，即使是对文化的批评也含有一些对朴素自然的热情。但早在18世纪40年代，自然就和人类文化的废墟一起成为反映黑暗、恐惧或忧郁情感的镜子。英国圣公会牧师爱德华·扬（1683—1765）创作了《夜思录》(1742—1745)，后来在剑桥担任教授的托马斯·格雷（1716—1771）1751年发表了著名的《乡村墓园挽歌》。于是，忧郁在启蒙时代中期成为“英国病”，许多作家都遭受精神错乱的困扰，甚至精神完全失常。

在这种情况下，也要追溯到真实或所谓真实的前古典民间文学，尤其是中世纪文学、苏格兰文学和凯尔特文学，例如：

詹姆斯·麦克弗森（1736—1796）的《古诗歌片段》(1760)，托马斯·珀西（1729—1811）的《英诗缉古》(1765)。这也对应着哥特式的风格，从建筑蔓延到文学，创造了哥特小说的体裁。霍勒斯·沃波尔（1717—1797）建造了一座仿中世纪的城堡，1764年出版了《奥特兰多城堡》。自此，英国很早就有了黑暗浪漫主义，也被后世称作前浪漫主义。之后，威廉·柯珀（1731—1800）和罗伯特·彭斯（1759—1796）让一种全新的心灵和自然观点流行开来。启蒙时代明显即将结束。当革命在法国爆发时，思想传统的英国支持者寥寥无几。埃德蒙·伯克成为众多反对者的主要发言人，尽管他是辉格党成员，但比起人权，他在《法国革命论》(1790) 中更加看重作为一个英国人的权利，而不是把赌注押在理性、自然和历史上。

4. 启蒙——诠释与自我诠释

英国启蒙运动始于1688年的政治胜利，同时也是一场精神胜利。上层（皇权）的实用主义与下层（议会）的实用主义在社会的妥协中相结合，为大多数社会和宗教团体留下了足够的生存空间。这基本是议会、下层贵族和大资产阶级的胜利，也是新教和英国圣公会的胜利。虽然不久后上台的辉格党在长期统治中表现出了新自由主义，但却十分有限，保守思潮依旧强劲，尤其在越来越倾向托利党的绅士群体中尤为明显。对异见者，尤其是天主教徒的宽容一直到19世纪都十分有限。尽管如此，意识转变还是得以在进一步发展中实现。

这意味着，中世纪以来一直严格遵循传统的英国思想领域在18世纪没有能够激发思想领域发展的普遍性根本改革或变革需求。虽然18世纪初已经产生第一批至少要求部分改变的社会团体（共济会），但缺乏普遍的改革激情，因为逐步改革的道路原则上已经开启。知识分子也没能发起运动以激起对理性的全面热情，不仅因为理性的概念在经验主义中存在问题，还因为缺乏强有力的宗教政治体系来煽动所有知识分子以批判理性为名义进行斗争、发起运动。相反，想拥有比欧洲大陆各国人民更大程度的自由和健全理智的意识阻碍了与自身社会相关的所有理性和自由的激情，取而代之的是发展出了英国的民族自豪感，它的出发点是让国民生活在一个自由、宽容以及科学和思想都进步的国家。这种民族自豪感在一定程度上导致了表里不一、自我孤立和奇怪的英国特征，但也让英国得到了其他民族的尊重，并在启蒙研究中得以体现。但我们可以问问自己，英国18世纪的思想发展从严格意义来说是否真正是启蒙运动。

英语单词“enlightenment”的意思是“启蒙”，并非18世纪的纲领性术语，与英语单词“enlightener”（启蒙主义者）一样在17世纪和18世纪使用得非常少，并且似乎从不具有批判的含义。它现在的含义也只是模仿德语启蒙运动的含义，而且是代表启蒙时代的概念，衍生出的动词“enlighten”和分词“enlightened”相对而言不仅几乎没有在17世纪和18世纪出现过，而且与“启蒙”的含义毫无关联。动词“enlighten”（有时也写作“inlighten”）是拉丁语“illuminare”的英译，本义并非“启蒙”，而是“澄清”“照亮”的意思，像神学术语一样几乎只使用宗教意义［与德语中的“erleuchten”（使人顿悟）相似］。“enlighten（enlightened）”只在个别情况下具有德语世俗启蒙或法语世俗启蒙的含义。

这符合英国的实际情况，18世纪的英国不存在“启蒙的时代”或“启蒙时代”等自我阐释。虽然贝克莱称他所处的时代是“启蒙的时代”，但却明显带有讽刺意味。英国显然是从后来的思想史视角出发将18世纪归类为“启蒙的时代”。同样，“哲学时代”和“理性时代”至少不是英国18世纪的典型特征，这些表达都出自这一时代末期的历史化争论，部分是由法语翻译而来的。但在文学方面，可能很早就已经出现了奥古斯都时代文学（英国古典文学），这一表达在18世纪初期就已出现，起初表示在18世纪早期仍然提及蒲柏和斯威夫特等典型模范的作家，后来它的含义在时间上和事实上得到扩展，在当今时代似乎已经过时。英国人也将启蒙哲学称为古典主义时期的哲学。

显然，18世纪的英国没有在内部树立启蒙运动的意识，也没有具备生活在启蒙时代的独立意识，以至于英国没有明确的启蒙理论和像德国一样强调启蒙的规划纲领。尽管存在明显的阶级差别，但依然没有普遍讨论与大众启蒙有关的话题，而是受基督教影响进行改革，例如：建立慈善学校。英国如果有启蒙运动的话，也只是一种侧重实践的启蒙运动，没有明确的自我意识、启蒙理论和规划纲领。

这也解释了为什么人们在分析英国启蒙时代时经常出现矛盾。一些人认为，英国启蒙运动早在约翰·洛克的时期就已经开启，更早可以追溯到17世纪中期的托马斯·霍布斯和爱德华·赫伯特，甚至再向前追溯到弗朗西斯·培根，而法国和德国的启蒙运动分别由伏尔泰（1694—1778）和莱辛（1729—1781）开启。启蒙的概念在英国非常广泛，但在法国，尤其在德国却十分有限。另一些人认为，英国根本没有启蒙运动，只是奥古斯都时代文学或英国哲学的古典时期。这种情况下，启蒙运动的概念更加受限，只限于法国或德国，甚至仅代表德国的启蒙运动。综合来看，这可能意味着启蒙运动在还未席卷整个欧洲大陆的情况下，英国便开启了本国的启蒙运动。

英国坚持启蒙时代的概念是非常有意义的，尽管英国启蒙运动与其他欧洲大陆国家存在较大差异，但基本主题都是一样的。宗教有缺陷的理性甚至可能就是第一个共同主题，殊途同归最终转而反对迷信、偏见、狂热和幻想。理性世俗国家中出现的问题虽然成了主题，在英国宪法中也基本找到了解决办法，但由于普遍产生出的自我意识，哲学领域依然退居到了次要位置。但最重要的是像法国和德国一样，美德、幸福和利益的统一构成实践哲学的中心，即使心理治疗方式偏离了欧洲大陆哲学对这一主题的规范讨论。

第三章 —————— 法国：批判与变革

1.镇压与反叛

法国是18世纪欧洲最大的文化强国，从恺撒（公元前100—公元前44）征服高卢便开始了这段早期历史。这次殖民为地理气候适宜的法国带来了古老的耕种技术，即便在罗马帝国灭亡后仍对后世产生了深远影响，其中一个影响便是早期基督教文明带来了大修道院和教会文化。中世纪以来，在法兰克王国分崩离析后，独立于德意志民族神圣罗马帝国的强大中央集权国家开始形成，法国从近代早期开始便将自己视为一个民族国家，在17世纪继续扩大自己的政治势力，《威斯特伐利亚和约》确定了法国在欧洲的政治地位，也成为其继续扩大自身势力范围的开端。

法国国王在天主教会中的强势地位为法国政治文化的发展奠定了坚实基础，但法国国王和教会的地位有时也存在争议。16世纪下半叶，加尔文宗在法国部分地区传播，导致天主教和加尔文宗（胡格诺派）之间产生流血战争。但在法国国王、胡格诺派领袖亨利四世（在位时间：1589—1610）皈依天主教后（巴黎值得一场弥撒），天主教无疑在斗争中取得胜利。至少在路易十四（在位时间：1643—1715）废除《南特敕令》前以及胡格诺派遭到血腥镇压和驱逐之前，《南特敕令》（1598年颁布）确保了对新教徒的宽容。

路易十四使法国绝对主义的政体形式的统治达到了顶峰，不允许任何人违背“一个信仰、一种法律、一个国王”的原则，他认为新教既是宗教威胁，对他以宗教为基础的专制制度而言也是政治危险。在他的统治下，法国最终成为由天主教和绝对主义统治的民族国家，成为在政治和文化上统治欧洲其他国家的中央集权大国。路易十四对外统治取得了耀眼的成就，但扩大权力、创造辉煌的代价也十分高昂。作为王权的象征，凡尔赛建起了欧洲最大的宫殿，巴黎建立了法兰西科学院（1666）和法兰西喜剧院（1680），许多作家用“太阳王的统治”形容路易十四在位的新时代，认为法国的繁荣已经超过了古代。尽管征服了一些地区，但国家实力却停滞不前，许多战争最后都极大消耗了国家财政。此外，驱逐胡格诺派无异于在文化、科学和经济上放血，最后的胜利是通过付出极大代价换来的。国家最终在绝对主义和教会制度的高压之下垂死挣扎，以至于许多人将路易十四的死视为解放。

在摄政时代，即奥尔良公爵菲利普一世替未成年继位者（路易十五）短期统治期间（1715—1723），国家由强制服从转变成普遍的思想和经济自由。自由思想成为潮流，为了恢复经济实力，经济发展获得了自由；为了减少对新教徒的迫害，法国接受英国的影响。路易十五（在位时间：1715—1774）和路易十六（在位时间：1774—1792）虽然尝试恢复旧秩序，但君主专制制和教会政治体制已经过了权力巅峰时期。随着经济发展，尤其是资产阶级的发展，旧阶级社会逐渐向新阶级社会转变，僵化的政治结构显得越发陈旧过时。最重要的是，巴黎作家的自由精神难以控制，巴黎的沙龙文化成为凡尔赛宫廷文化的对立面。此外，最后一位国王的裙带政治毁掉了君主专制制的权威，使其在1789年的法国大革命中短暂消亡。

尽管如此，法国在18世纪达到了文化发展的巅峰。法国在16世纪和17世纪就形成了以宫廷为模范、以国家为代价与宫廷抗衡的灿烂贵族文化。宫廷交际文化很早就开始塑造法国整体的精神和社会生活，资产阶级内部也建立起了远超法国大革命的优雅风格和精致生活方式。与之有关的一般文化主导地位的自我意识在17世纪末引发了古代支持者和现代支持者的争论（古今之争）。1687年，夏尔·佩罗（1628—1703）一首赞美国王的诗引发了这一争论，诗中赞扬太阳王路易十四促进古典主义形式和艺术的发展，称其开创了凌驾于古代之上的历史新纪元。这样一来，这一古老争论由一般科学层面转移到了特殊的文化和国家层面，在这个过程中，一个崭新、世俗、不教条但同时具有强烈民族性和新的进步信仰的历史意识逐渐发展起来。

总体来看，18世纪是法国视觉艺术和装饰艺术的全盛时期。在国王、贵族和资产阶级的促进下，包括时尚在内的法国文化都成了出口商品，坊间已经开始谈论“法国的欧洲”。法兰西文学院1694年出版字典规范了法语，使之成为欧洲高贵的语言和世界政治语言。此外，沉迷文学和艺术的法国沙龙团体也对自然科学产生了浓厚的兴趣。也许这些成为时尚的原因在于法国18世纪初向英国开放后，研究物理和化学能够展现出现代性（这正是18世纪中叶后，法国对自然科学和英国的热情下降的原因）。但当然也有认真的研究和科学技术的进步。安东尼·费尔绍·德·雷奥米尔（1683—1757）发明了温度计，法国大革命中被当作地主判处死刑的安托万·洛朗·拉瓦锡（1743—1794）识别出了氧化过程。科学技术成就的一个制高点是首次放飞热气球（1783）。这一时期的社会兴趣也已经转向了诸如动物磁性等“神秘的”自然现象。

法国启蒙运动是18世纪法国文化令人印象深刻的一部分，在文化输出方面发挥了重要作用。它从根本上反对社会、宗教和政治制度（尽管也受到支持），尽管开始转向反对委曲求全的社会，但仍与精神的一般文化相和谐。法国17世纪末已经产生了18世纪君合国出现的“启蒙式”批评；在教会和王权牢不可破的联盟挑衅下，不得不激进地批评宗教和政治，只能打破已建立起的政治和道德体系。法国大革命将人权确立为人主要的自由权利，宗教镇压以政治革命告终。

然而，法国的启蒙运动基本只发生在巴黎，首都的各种关系、机遇和危险塑造了法国18世纪的思想。推动启蒙运动发展的是“自由的”作家，而不是大学；地方学院所起的作用也相对有限，因此法国启蒙运动中大众启蒙的趋势相对较弱。虽然资产阶级逐渐成为新社会秩序及其意识形态的捍卫者，但启蒙运动直到最后都由贵族，尤其是职官贵族一同推动发展。

2. 从流亡到反对

不单单在法国，各地启蒙运动的先期哲学史基本都由哲学家勒内·笛卡尔（1596—1650）确定。笛卡尔想从哲学中建立起一门确定的科学，从而使所有科学都建立在一个更加稳固的基础之上。虽然他的哲学最初遭到禁止，但其在法国哲学领域内外都产生了不可撼动的影响。尽管他没有提出内容、方法和形而上学的主张，但他从清晰确切的概念着手推论出的演绎法对启蒙运动科学产生了深远影响。强调批判的理性主义继承了笛卡尔善于分析的志向，在世纪之交前就已在法国作家和哲学家中站稳了脚跟，比下一代法国人对英国和经验主义的热情要早得多。但《南特敕令》的废除营造出了镇压的氛围，新教作家被驱逐，天主教徒也或多或少被禁言。持有异见的知识分子分裂成了两个派别（按宗教信仰）——法国内部非常谨慎的小规模团体和法国外部强势激进的团体。这样一来，“太阳王时代”不仅从启蒙运动角度来看是一个压迫的时代，内部和外部的流亡也是启蒙运动最早的开端。

胡格诺派最重要的流亡哲学作家是皮埃尔·培尔（1647—1706），他出身于加尔文宗（胡格诺派）的牧师家庭，在日内瓦学习神学，之后成为色当新教学院的哲学教授。1681年学校被裁撤后，他去了鹿特丹大学担任教授，但1693年他再次失业，因为他反对当地权威的改革主义神学家皮埃尔·朱里厄的观点，支持宗教和政治宽容，反对与法国开展宗教政治斗争。培尔的哲学思想建立在笛卡尔主义之上，但他的文学创作的重心逐渐转向历史和历史批判问题。1682年他在论文《对彗星的思考》中分析了对迷信和偏见的批判。1684年至1687年，他出版了广为流传的评论刊物《文学共和国新闻报》捍卫法国新教，还在《哲学评论》(1686—1687）中为宗教宽容和道德与宗教间的明显不同辩护，认为也可能存在有道德的无神论者。事实上，他第一次将哲学变为了现代的战斗哲学，使哲学接近新闻业。他的主要作品是大辞典《历史批判辞典》(1697)，仅对他所处时代进行了历史、批判的检验。结果证明，很多内容都存在疑问，人们无法证明普遍相信的理性与启示之间存在一致性。尽管充满怀疑，但培尔依旧坚持将基督教视为纯粹的信仰，他认为宗教只是道德良心问题。就这样，一场批判宗教和理性的启蒙运动开始了，不再仅向专业学者寻求帮助。

贝尔纳·勒博维耶·德·丰特内勒（1657—1757）最初转向了通俗写作，他的早期作品对法国启蒙运动的产生具有重要意义，他在作品中非常谨慎而坚定地讨论自然科学和宗教问题。他在《关于世界多样性的对话》(1686) 中质疑地球中心论，并为世界多样性的假设做辩护，他尝试将当时的科学讨论变为与受教育女性优雅而讽刺的谈话。他已经借此传播了一种面向所有人，包括女性读者的哲学交际理想，同时还具有寓教于乐的作用。丰特内勒在后来各方面都有所扩展的《死神对话录》(1683) 中强调，哲学的主题不是宇宙而是人。他对迷信的批判也对法国精神领域的发展十分重要，他谨慎地将迷信限制在古代时期，这些观点在《神谕的历史》(1687) 和《神话的起源》(1723) 等作品中均有体现。在讨论古代或现代谁居于主要地位时，丰特内勒在《兼论古代派与现代派》(1688) 中表达了支持现代的立场。于他而言，这不仅涉及新文学的优势，作为新文学的支持者他还着力宣传科学的进步。尽管1682年丰特内勒曾反对天主教，但1687年迫于政治压力发表文章《路易大帝统治下的宗教胜利》，为迫害胡格诺派的天主教做正当性辩护。他接受了现行制度后，成为法兰西科学院的秘书。

如果可以将培尔和丰特内勒纳入启蒙运动范畴，那么法国的早期启蒙运动便已出现了典型的启蒙主义者，18世纪初就被称作“哲学家”。从历史上看，哲学家作为社会的批判者既继承了道德主义者的思想和他们最初受基督教激发出的对社会的评判，又是批判宗教、分析虔诚伪善的自由思想者。法国18世纪的哲学家不是受过专业培训而是思想自成体系的，只是世界上的一个人，尽管他可能接受过学术教育，但会自认为是自由作家（职业作家）：一个希望强调批判世界、希望能用文字改变世界的知识分子。作为文学家，他游走在专业哲学和纯文学之间。但从超越所有哲学和文学的意图来看，他首先是社会上的一个人，而且具有双重意义，既（或试图成为）善于交际、文雅，又与世界存在批判、以变革为导向的关系。但法国的政治和社会条件不允许这位哲学家自由发展成社会改革者，他提出的批评会受到官方的审查。

为了逃避审查，法国启蒙主义者经常在印刷作坊秘密印刷作品，他们还伪造出版地或在外国尤其在荷兰印刷，甚至直接流传手写稿。由此产生了一种有灰色市场的秘密文学，又称亚文化文学或地下文学，这种形式是特殊的政治和宗教背景下的产物，在英国和德国都不存在。但审查尺度并非同样严格，审查员有可能会同情启蒙主义者。18世纪中叶，《百科全书》编纂圈或周围才出现原始的"哲学家"表达方式，但狭义的法国启蒙运动开端也可以包括孟德斯鸠和伏尔泰。

夏尔-路易·德·塞孔达，即孟德斯鸠男爵（1689—1755），简称孟德斯鸠，出身于波尔多附近的旧贵族家庭。他本着摄政时代的自由思想在1721年出版了书信体小说《波斯人信札》，以外国人的视角描述了法国的情况，以这种方式得以批判专制主义和教会。之后他前往英国等地，对那里的宪法产生了深刻的印象。他回到拉布列德城堡后从事历史和政治研究，《罗马盛衰原因论》（1734）将罗马的衰落单纯归因于没有求助上帝而改变历史的内心世界，即统一国家思想的衰落。1748年出版的代表作《论法的精神》试图阐释法律的历史性，例如：对时间、地点、气候、宗教以及对一定道德思想（美德）的依赖。孟德斯鸠的理想是有限君主制，但并不十分坚定。他从英国的宪政实际中推导出立法、行政和司法的三权分立是自由国家的必要条件，他的著作成为现代国家理论的基础。

弗朗索瓦-马里·阿鲁埃（1694—1778），自称伏尔泰，或许是法国启蒙运动最著名、最重要的代表人物。他出身于巴黎法学世家，从小就对纯文学感兴趣，立志成为18世纪最伟大的古典主义剧作家。他的早期作品悲剧《俄狄浦斯》和史诗《亨利亚德》都符合这个想法，但他在作品中同时选择了开明专制主义，对教会提出了严厉的批评。1726年至1729年，他前往英国，深受牛顿力学和洛克经验主义的鼓舞，在二者的影响下先后创作了《哲学通信》(1734）和《牛顿哲学概要》(1738)，推动洛克的反笛卡尔认识论和牛顿的反笛卡尔物理学在法国流行起来。伏尔泰还始终保持作家身份，创作戏剧《扎伊尔》(1732）和《穆罕默德》(1741)，宣传启蒙思想，与狂热做斗争。他的大多数戏剧都是所谓“哲学”悲剧。他曾在学识渊博的沙特莱侯爵夫人（1706—1749）的庄园住了一段时间，再次在巴黎短暂停留后由于尝试接近法国宫廷失败，接受了普鲁士国王腓特烈二世（在位时间：1740—1786）的邀请，1750年至1753年在波茨坦无忧宫做客。在这几年里，他先后发表历史研究著作《路易十四时代》(1751)、《论通史与人民精神》(1753)，还创作了于1764年首次出版的《哲学辞典》，同样批判教会、批判迷信。伏尔泰与腓特烈二世决裂后首先来到瑞士，之后回到法国，法国在此期间通过军火交易收获大批财富。伏尔泰买下了与瑞士接壤的费尔纳城堡，在这里创作了一些“哲学”小说，例如著名的讽刺小说《老实人》(1758)，这部作品与《里斯本的灾难》(1756）一样都表现出伏尔泰老年时期愤世嫉俗的悲观情绪。他还与同时代的欧洲伟人通信，最大的轰动当数他支持卡拉斯家族和一些其他在法国因宗教信仰受到法律迫害的新教家庭。伏尔泰最后一次访问巴黎庆祝胜利时，由于过度劳累而离世。

伏尔泰的确是一位重要的、富有想法的全才，但他既不是伟大的诗人作家，也不是字面意义上狭义的独立哲学家。他对出于经验的认识、自然秩序或美德必要性而表达出的观点大多不系统，与他对最高智慧的普遍自然神论所持观点一样，都符合当时的时代主流特征，他对乐观主义的嘲讽依旧粗浅。英国之行让他的政治思想倾向于君主立宪制，但实际上他始终与人民保持疏远，寻求接近贵族和皇室。他的历史哲学（这一表达似乎出自他自己）也与当时的讨论有关，尤其是与大卫·休谟的讨论有关。但伏尔泰以自己独特的方式推动了法国启蒙意识的形成，许多人认为他将启蒙运动带到法国，认为他在世时已经形成了一种机制。

将英国思想带到法国的不只是伏尔泰和孟德斯鸠。18世纪30年代自然科学和自然哲学领域爆发了一场学习英国的狂热活动，皮埃尔·路易·莫佩尔蒂（1698—1759）也参与其中，这位天赋异禀的数学家曾就读于法兰西科学院，访学英国之后投身于牛顿主义，并从这一角度出发批判笛卡尔的宇宙论。此后他继续休谟的研究内容，并尝试将数学归结为“感觉”，使经验主义极端化。他虽然仍尝试在自然规律中寻找支持（自然神论）信仰上帝的证据，但他后来也倾向于部分唯物主义、部分泛神论的自然哲学猜想。他自1745年起担任改组后的柏林科学院院长。

朱利安·奥弗鲁瓦·德·拉美特利医生（1709—1751）使法国启蒙运动的早期唯物主义倾向变得更加明显。他曾发文强烈讽刺法国的医疗体系，之后不得不离开法国，辗转荷兰最终投奔腓特烈二世，在无忧宫担任“陪读”。拉美特利在代表作《人是机器》(1747）中，将人描述为一个没有独立灵魂和自由的机器，推断出人具有享受的权利。由此，法国在18世纪中叶前凸显出唯物主义倾向，并与“哲学家”的角色产生关联。早在1720年就成为讽刺对象的哲学家形象在18世纪中叶前就已经固化。1743年匿名出版在文集《思想自由小说》中的论文《哲学家》对此做出重要贡献，人们认为这篇文章出自语法学家塞萨尔·谢诺·迪马尔赛（1676—1756）的手笔。这部强劲的纲领性作品明确以唯物主义思想为基础，将哲学家定义为思想的机器，与上发条的钟表一样，是一个自我反思的机器，凸显了哲学家超越大众的地位，但同时哲学家的目标是在社会中生存并服务于社会。哲学家“唯一的神”便是社会，它的主要成就似乎在于与偏见和迷信做斗争。

《哲学家》在当时引起了一定的反响，不仅受到伏尔泰的批评和改写，经过修改后还被收录于法国启蒙运动的主要代表作《百科全书》中，但两种情况都弱化了它的唯物主义倾向。有趣的是，这方面讨论的内容无关哲学，而是关于哲学家，即哲学家作为法国社交文化的象征。当然，法国也有其他完全不同类型的哲学家。

艾蒂安·博诺·德·孔狄亚克（1714—1780）是牧师，也担任过巴马公爵的家庭教师，受洛克影响，进一步发展了感觉论，但避免了所有唯物主义的后果。他在《感觉论》(1754)中虚构了一个大理石雕像，这个雕像逐渐获得了各种感觉的积累，最后拥有了人的认识，但孔狄亚克坚持认为世上存在独立灵魂。《系统论》(1749）对法国启蒙运动的发展起到重要作用，孔狄亚克在书中尝试将制定系统描述为错误的哲学道路。他的思想影响了《百科全书》的编纂者，但他本人却与其保持距离，并强烈反对对方未经同意出版了他的两篇文章。孔狄亚克后来主要研究科学语言。

正如在哲学家的小圈子之外也有独立的哲学和科学一样，有一些作家在思想上与启蒙思想相似，但他们不是哲学家。同样，英国也有不遵循诗学规范的小说，成为创作新型小说的摇篮。

早期法国启蒙运动的第一位重要作家是阿兰-勒内·勒萨热（1668—1747），他热衷于模仿西班牙流浪汉小说，但也认为自己负有道德主义的责任。在他的社会小说《跛脚魔鬼》（1707）中，魔鬼掀开了屋顶，揭露了真正的现实生活。他还以第一人称创作了连载小说《吉尔·布拉斯》（1715—1735），从仆人视角出发，在社会内部批判社会。勒萨热虽然创作了一批讽刺喜剧，但他似乎与启蒙的理论概念或实际的改革运动没有任何关系。

马里沃（1688—1763），全名皮埃尔·卡莱·德·尚布兰·德·马里沃，在参与各种沙龙活动的过程中找到了与启蒙的联系，他模仿英国日报《旁观者》出版了《法国观察家》（1722—1723）。之后，他为巴黎流行的意大利喜剧创作了多部剧作，其中涉及爱情心理学，但也涉及典型的启蒙主题，例如：《理性之岛》（1727）对比了欧洲人的偏见与思想未经开化的人的启蒙。马里沃的成名作当数他的长篇小说《玛丽安娜的生活》（1731—1741），书中描述了善良慷慨的玛丽安娜的人生道路，并详细描写了她在这个看似文明的社会中，却最终进入修道院生活的心理活动。

法国早期启蒙运动的第三大文学家是流亡作家安东尼-弗朗索瓦·普雷沃（1697—1763），普雷沃是耶稣会信徒，最初为逃避服兵役加入本笃会，后来因为不想成为牧师又逃亡至英国，为了再加入本笃会成为院长，他转而信仰新教。在此期间，普雷沃出版了一本赞同启蒙运动的文学刊物，发表了多篇文章。其中最有名的是悲剧爱情故事《曼侬·莱斯戈与骑士德·格里厄的故事》(1731)，是一部7卷连载小说的最后一卷，后来的一些歌剧都以它为底本改编。普雷沃还翻译了理查森的作品，为法国感伤小说的发展和新的文学时期到来创造了条件。

3.从《百科全书》到革命

18世纪中叶前后，启蒙运动从法国开始蔓延开来并日益激进化。伏尔泰对教会的攻击越来越尖锐。对道德、社会的批评日趋明显，逐渐演变成对绝对主义政体的批评，像孟德斯鸠抨击揭露专制政体那样。启蒙运动者的数量也在增加，并开始控制精神生活。伏尔泰和其他启蒙运动者被纳入研究院，在那里形成了团体意识，并形成一个反对宗教党派（奉献党）的哲学党派（哲学家党派）。他们最重要的聚会地点是沙龙、俱乐部，大多由贵族女士组织，互助组织共济会成员也按照英国的方式参与其中。最重要的是，启蒙运动者此时发现了一个共同的使命，他们聚集在一起，这对他们来说不仅仅为了完成启蒙作品：达朗贝尔（1717—1783）和狄德罗（1713—1784）的《百科全书》。

1745年，一名出版商决定将钱伯斯（1680—1740）于1728年出版的英文版《百科全书》译成法文，并委托狄德罗负责这项任务。他在编纂过程中产生了按字母顺序对所有科学、艺术和职业进行全新的、全面的表述的想法。1751年至1780年，这一丛书以《百科全书，或科学、艺术和手工艺分类字典》为全名，以35卷的形式出版。《百科全书》的出版历史成为法国启蒙运动斗争史的组成部分。这一丛书的编纂工作已经推迟了一段时间，因为狄德罗在1749年因一些过于自由的言论而不得不入狱几个月。1752年，前几卷被禁止出版，1753年以后又陆续出版了4卷。1759年以后，《百科全书》的出版被完全禁止，直到1760年以后才可以继续发行。禁止的原因包括耶稣会的攻击，作家蒙特诺（1730—1814）的著作——喜剧《哲学家》(1760）对《百科全书》的讽刺。但最重要的原因是《百科全书》对路易十五的攻击（1757）。当时路易十五的精神导师被怀疑是启蒙运动者。另外，路易十五的情妇蓬帕杜尔夫人（1721—1764）也支持《百科全书》的出版。这样一来，《百科全书》的出版最终成为法国启蒙运动胜利的象征。然而从它第一次被禁之后，《百科全书》的内容变得更加有节制，还增加了某些自我审查的程序。

这部《百科全书》成为18世纪中叶法国启蒙运动的集结地。然而并非每一篇文章均为原创。狄德罗本人撰写的文章《哲学》，几乎逐字逐句地照抄了迪尔马赛的同名文章。许多哲学文章都是由住在柏林的加尔文宗教徒胡格诺派的福尔梅（1711—1797）从海因里希·泽德勒（1706—1763）编写的《德国百科全书》中逐字引用的。海因里希·泽德勒编写的《德国百科全书》有64卷和4卷补编卷册，在哲学方面，它从瓦尔西（1693—1775）的《哲学词典》（1726）衍生而来。总体而言，狄德罗的《百科全书》是一个载入史册的世纪成就。总共近200人为这项工作做出了贡献，其中包括大量迄今未知的作者。还包括伏尔泰，但是他始终与这项工作保持距离。工作主要由达朗贝尔和狄德罗承担，达朗贝尔离开后，工作甚至由狄德罗独自承担。

达朗贝尔是一位将军和一位贵族夫人的私生子，他的母亲在巴黎经营一家知名沙龙。他最初被母亲抛弃，在父亲的抚养和教育下成为一名天才数学家和科学家，23岁成为法兰西科学院院士，后来成为学院终身秘书。他最重要的贡献是《百科全书》的序言性论文（《绪论》1751）。他在论文中试图对他所处时代的“科学”进行总结。达朗贝尔对所有知识的分类遵循英国哲学家培根依照心理学标准制作的图表（即把心智能力分为理性、记忆和想象力）。理性是科学的起源，也是尚未与其他科学分开的哲学。然而在对哲学进行分类时，达朗贝尔在很大程度上参考了不为人知的德国哲学家克里斯蒂安·沃尔夫（1679—1754）的说法。他将“一般形而上学”（本体）与“特殊形而上学”区别开来，并根据其三大主要研究对象，将其划分在神学（上帝的科学）中。这里包括启示论、人类学（人的科学）和自然科学。因此，这种备受赞誉的表达方式其实是一种令人惊讶的保守概念。尽管如此，达朗贝尔还是借助孔狄亚克批判了哲学体系（体系精神），反之要求在所有研究（体系精神）中都要有系统的精神。1758年他退出了《百科全书》的出版工作，以免危及他在学院的地位。

《百科全书》的编纂和出版工作都落在狄德罗——这位与伏尔泰齐名的法国启蒙运动通才身上。他来自一个手工业者家庭，在巴黎上了几年大学，因为拒绝成为牧师，只好长期靠打零工生活。1745年他承担了《百科全书》的规划工作。尽管有这些耗费心力的工作任务，狄德罗依然挤出时间撰写理论性论文，创作文学作品。他的理论性论文包括早期的《哲学思想录》（1746）、《论盲人书信集》（1749）。在《论盲人书信集》中，狄德罗发展了感性认识论，为聋哑人手语奠定了基础。在《关于解释自然的思考》（1754）和《达朗贝尔的梦》（1769年完成，1830年出版）中，狄德罗转向了对自然科学的思考。他反对笛卡尔主义，探究物种的起源，越来越倾向于无神论和唯物主义。

狄德罗的一些文学作品在他死后才得以出版。在其中一些作品中，他尝试实践了自己只发展了一点点的美学理论。早期的小说《八卦珠宝》《修女》将情色的故事与社会、教会道德没落的主题联系在一起；晚期的对话体小说《拉摩的侄儿》和《宿命论者雅克和他的主人》受到英国风格的影响。狄德罗是一位偏感性的作家，他一直努力尝试辩证地弄清自由意志等基本问题，但是他的立场往往表达不清楚或摇摆不定。他当时有关"严肃戏剧"的创新理论是由"哭泣喜剧"演变而来的，其为介于悲剧和喜剧的第三种戏剧形式，但仅仅停留在方法上。

《百科全书》的出现意味着法国启蒙运动取得突破。以它为中心出现了一系列作品，这些作品体现出自然神论、无神论、认识论和唯物主义倾向。此外，法国启蒙运动日益自然主义化的趋势，也越来越影响到人以及人类社会在伦理和社会哲学中形成的观念。

孔特·德·布丰（1707—1788）自1739年起，一直担任皇家植物园的监管者，他与百科全书派成员一直保持密切联系，但不参与政治纠纷。大部分科学性文章都直接或间接由他提供。他的巨作《自然史》自1749年首卷问世，一直到他死后的1804年，出版不断。这部书籍包括44卷，从表现形式以及推测的历史方面描述了自然。同时代的人会将这部《自然史》和《百科全书》进行比较。出于自身缘由，布丰没有解释自然，而是从功用角度描绘自然。虽然他的部分理论具有时代局限性，但他的许多观点和对科学所持的乐观态度对现代科学的传播和发展做出了贡献。除此之外，他的文风优雅，在1753年的科学院就职演讲中，他说过一句名言：“风格就是人的表达方式。”

爱尔维修（1715—1771）在年轻时候就担任了总包税官的职务，一跃成为富翁。因此他可以回到自己的官邸，潜心思考哲学问题。早年他写过一些富有诗意的文学作品，后来则转向研究以自爱为基础的道德哲学和法律哲学。1758年他的代表作《论精神》问世，他的另一部名著《论人的理智能力和教育》则是在他死后的1773年才得以出版。他发表的大量有关精神的论文遭到了广泛的批评，批评者不仅包括宗教和政治上的保守势力，还包括一些哲学家。爱尔维修不得不撤回本可能一年后出版的德文翻译作品，主要因为他攻击教会和宗教。他的基本观点，同他之前和之后的许多人一样，认为自爱是人类唯一真正的行为动机，正因为如此，人类追求享乐，回避令人不快的事物。因此，最重要的是引导正确的自爱方向，使之与社会利益保持一致，因为爱尔维修本人坚信社会利益决定社会的道德标准。

无神论者和唯物主义者的倾向在霍尔巴赫（1723—1789）身上体现得尤为明显。他在巴黎长大，原名保罗·海因里希·迪特里希·霍尔巴赫。他参与了《百科全书》的编纂工作，同时也凭借他雄厚的财富成为《百科全书》最强有力的支持者之一。他激进的翻译作品只能匿名或者在国外发表。他早年撰写了一系列反对教会和基督教的檄文，1769年还以已经故去的语法学家迪马尔赛的名义发表了有关偏见的论文。但这件事的责任并不在他自己。1770年霍尔巴赫尝试将他的基本想法全面地写进一部作品中。这本书不仅受到启蒙运动反对者的批评，也受到伏尔泰的严厉批评。最后他转向思考社会问题，试图在幸福理论（与其唯物主义观念并不抵触）的基础上发展理想的社会制度[1]。

显然，从18世纪中叶到启蒙运动晚期，法国的经济和社会危机一直困扰着来自不同社会背景、有着各种政治看法的作家们。这些作家一直竭力研究改善社会结构等问题。在此过程中，乌托邦小说与科学常识性论文之间的转换非常顺利。自然神论者梅利耶（1664—1733）出身于农民家庭，应其父母的要求成为牧师，虽然难以置信，但他一生从事着这份工作。在去世前不久，他发表了一份政治遗书，在遗书中对教会的批评演变成对革命和共同财产制的要求。1762年，《遗书》被删减之后由伏尔泰出版。与梅利耶的生活和作品不同的是，法国社会局面造成的大众顺应时势主义与个人信仰之间的差异愈加明显。马布利（1709—1785）出身于司法界贵族家庭。他在第一部成功的作品中甚至为君主专制制辩护，因此成为主教的秘书。然而在他1776年的著作《论法律或法律的原则》中呼吁

1 引自《社会体系》(1773)、《方法论》(1776)。

建立一个倾向于共产主义的民主社会秩序。后来雅各宾派提到了马布利的一些看法。路易-塞巴斯蒂安·梅西耶（1740—1814）以他的乌托邦小说《2440年》而出名。在这部小说中，他将个人完全置于社会之下。后来他写了一部影响深远的戏剧理论著作，将悲剧和喜剧列在戏剧之下。

革命前几十年，与乌托邦的设想不同，在政治社会思想层面，首先充斥着所谓重农主义理论。这种把所有财富都投入农业的理论，反对传统（后来称为重商主义）的理论。重商主义则认为一个国家的福祉主要依靠通过贸易获得的财富。重农学派由宫廷医生魁奈（1694—1774）创立，它最重要的代表是杜尔哥，全名安·罗贝尔·雅克·杜尔哥。他曾短暂担任财政总监，但没有获得成功。一些重农学派学者希望某种开明的专制主义来贯彻他们的理论，因此他们又一次接近（开明的）专制主义。

法国的启蒙运动，无论是倾向自由主义还是社会主义，均会遭到国家和教会的阻碍，同时，它也是宗教争议的对象。以天主教为主，宗教界出现了反启蒙运动的群体。他们为受到攻击的立场辩护，试图取笑哲学家群体。从反对启蒙哲学家的角度来看，这些人中最著名的代表是诺诺特（1711—1793）。他出版了一本针对伏尔泰的词典。然而真正对启蒙运动提出质疑的是生活在法国的瑞士人卢梭（1712—1778）。他以局外人的敏锐眼光揭示了启蒙运动的局限性，从根本上质疑伏尔泰所推崇的巴黎沙龙文化。在他看来，他的感觉论在德国诗人圈子里应取代启蒙的认识论。对他来说，哲学不是理想，而只是堕落文化的表象。

卢梭出生在日内瓦共和国的一户信奉加尔文宗的钟表匠家庭。他无法适应正常的生活，于是早在年轻时就逃到法国。在像母亲般爱人的影响下，他转而信奉天主教。1742年，他前往巴黎，在那里结识了百科全书派成员，特别是狄德罗。1750年，他参加第戎科学院的论文竞赛，并回答主办方提出的问题：科学和艺术的进步是否有助于提升道德。卢梭违背当时的时代精神，给出了否定的回答。凭借其论文《论科学与艺术》获得一等奖。因这篇论文，卢梭与众多文人笔战。他尝试用第二篇论文《论人类不平等的起源和基础》(1755) 借以争取获得另外一次奖项，但失败了。在1754年，他回到了日内瓦，在那里他重新皈依加尔文宗，恢复了公民权，还选择了一位没有受过教育的年轻女孩作为生活伴侣。他的朋友把他带回法国，并给予他财政支持。很快，卢梭的一系列作品问世：《新爱洛伊丝》(1761)、《爱弥儿》(1762)、《社会契约论》(1762)。《爱弥儿》的发表招致了长达数年的政治迫害，因为其中一篇《一个萨瓦省牧师的自白》宣扬自然神论的理性主义与感性文化。不仅教会对他发出严厉批评，教区议会还对他发出逮捕令，他的书在巴黎和日内瓦被公开烧毁。卢梭不得不过上隐居的生活，他和休谟一起去了英国。1767年他回到法国，开始撰写《忏悔录》。被迫害的幻觉和精神疾病始终折磨着他。在法国他几乎完全与世隔绝地度过了人生的最后几年。

卢梭是法国政治文化状况的批评者，同时也是绝对主义和启蒙运动的批评者，他甚至是一位古老而又崭新的原初性的预言家。他的《论科学与艺术》是一次热情的反智力文明批判。科学和艺术毫无用处，有害无益，它们败坏了人类与生俱来的善良本性，最重要的是它们破坏了人类原有的淳朴善良的美德。卢梭在《论人类不平等的起源和基础》中尝试区别审视人类的发展。自然人本来一个人自给自足地生活，只有繁衍后代的时候，人们才会聚在一起。在人们彼此需要的时候，原始的平等就会消失。农业和劳动分工的引入创造了私有财产，从而造成了市民社会的不平等和不自由，这些通过国家条约进一步被固定下来。原始自然的自爱因而成为有害又累赘的利己主义。上述观点卢梭在《社会契约论》(1762) 中已经提到，在此之后，他又向从历史批判角度审视当前社会状况的方向迈进了一步，社会契约被视为人类自我完善道路上必不可少的一步。国家出现以前的自然人是自由和自我满足的人，只有为了获得更高层次的自由时才会放弃自己的自然自由。在社会契约中，公意是一种绝对的规范性，它是优先于所有特殊意志的意志，但不能把它与个人意志、全体意志相混淆。社会契约保护个人、生命和财产。一个好公民总的来说需要在公意中重新认识自己。他之所以保持自由，是因为他服从自己，服从于整体，卢梭称这个整体为民族或人民。因此，人民的主权是不可分割和不可剥夺的，尽管国家权力分配的具体安排可能有所不同。卢梭推崇日内瓦共和国模式，但他本人却被监禁在这一理想化的小型政治统治中。他的人民主权理论为民族主义和神秘的极权主义国家哲学奠定了基础，这种国家哲学在接下来的法国大革命中盛极一时。

卢梭对社会状况的批判及其对真实社会的探寻必然促使对道德和教育问题的研究。但其书信小说《新爱洛伊丝》首先解决的还是社会与个人、理性与情感的冲突。在女主人公、丈夫和恋人之间的三角关系中，朱莉虽然选择了放弃和义务，但理性的悲惨胜利提升了感情权利的价值。这本书成为同时代最伟大的文学畅销书。卢梭后来在《爱弥儿》中建立了对童年的新认识。就像一切原始的事物一样，孩子天生也是好的；教育的首要任务必须是消除一切有害影响（但这几乎只能通过私人教育来实现）。此外，教育必须考虑到成长的各个阶段，让孩子按照各个阶段的特点采用渐进式方式学习。恰当的教育还包括性别教育。卢梭进而奠定了一种新的观念基础，他认为女人是自然和情感的产物。

卢梭的世界观——他对自然的狂热理解，他的感情的提升，他对公意的新理解，他对童年各个发展阶段的发现，他对性别关系的重新诠释，他充满热情的语言——这一切不仅影响到哲学、政治和教育学（尤其是在德国），而且影响到广义上的文学。现在到处都有卢梭主义的倾向，典型的田园诗与启蒙运动的理性主义产生竞争。虽然仍有相当经典的启蒙文学，但伟大的成就现在一般都属于新的艺术风格。年轻作家共同谴责在法国集权主义末期的道德问题，从历史的角度来看，实际上这都是革命的先兆。例如，在卢梭的影响下，贝尔纳丹·德·圣皮埃尔（1737—1814）在其田园牧歌小说《保尔和薇吉妮》(1788）中，让两位青梅竹马的恋人在巴黎的恶劣社会中失败。雷蒂夫·德·拉布勒托纳（1734—1808）将类似的城乡主题作为其书信小说《堕落的农民或城市的危险》(1776）的基础。小说中生活在乡村的兄弟姐妹经历了大城市的危险，最终堕落死亡。最成功的是皮埃尔·安布鲁瓦兹·弗朗索瓦·肖代洛·德·拉克洛（1741—1803）和他的书信小说《危险的联系》(1782)。这部小说以对贵族批判的态度触及了被迫害的无辜者为主题。同时，萨德侯爵（1740—1814）的小说却反其道而行之，极其激进地宣扬了纵欲的人生态度。

在剧场里，社会批判主题也占主导地位，尤其是在特别适合于这种情况的喜剧中。在这方面，加隆·德·博马舍(1732—1799）至今依然是著名的人物——不是通过启蒙道德说教，而是通过隐蔽的技巧。他第一次大获成功的作品是《塞维利亚的理发师》(1775)，这部作品参照意大利喜剧模式，因此已经接近喜歌剧。主人公不是阿尔马维拉伯爵，而是揭露他贵族身份的仆人费加罗。更著名的是它的续集《费加罗的婚礼》。经过数年的审查，1784年这部作品才得以上演。在这里对贵族批判的态度变得愈加明显，冲突一次又一次以戏谑的形式被一一化解。

1789年，在郊区爆发了一系列叛乱之后，法国大革命爆发。由于政府陷入财政危机，1789年5月，路易十六自1614年以来再度召集了间歇了175年的三级会议，即所谓国家议会。公民代表在这个阶层分明的议会中处于不利地位，他们声称自己得到米拉波侯爵（1749—1791）的支持，通过阅读《什么是第三等级?》受到西哀士（1748—1836）精神的鼓舞，宣布成立国民议会，国王无权否决国民议会的决议。这是第一阶段的革命行动。不久之后，当国民议会在凡尔赛举行会议并就宪法进行协商时，巴黎爆发了起义。1789年7月14日民众攻陷了象征专制统治的巴士底狱。许多农民加入了起义，开始驱逐贵族。10月，大批民众在妇女的带领下向凡尔赛进发，把皇室作为囚犯带到巴黎。制宪议会也随之迁往巴黎，陷入了街头的巨大压力之中。1791年他们中的温和派推动通过第一部宪法，在这部宪法中资产阶级的利益得以体现。国王试图逃离这个国家，但是被拘禁起来。法国因此事实上成为采用共和制的国家。

与此同时，革命的第二个血腥恐怖的激进阶段开始了。当一支由普鲁士和奥地利两国组成的军队接近巴黎来帮助受困的国王时，煽动起来的民众涌入监狱，在那里有许多贵族和神职人员拒绝对新宪法宣誓，这些人在1792年9月遭到屠杀。在国民公会上，温和的吉伦特派与丹东（1759—1794）和罗伯斯庇尔（1758—1794）领导的雅各宾派斗争，但徒劳无功。被称为“公民卡佩”的路易十六因叛国罪被判处死刑，1793年1月被处决，后来他的奥地利妻子玛丽皇后（1755—1793）也被处决。许多吉伦特派也随即遭到迫害和处决，丹东曾呼吁停止流血冲突，但最后遭到罗伯斯庇尔的暗杀。法国此时由一个福利委员会统治，最高领导人是罗伯斯庇尔。在他的命令之下，革命卫队血腥镇压国内的叛乱。罗伯斯庇尔想创造一个全新的法国，因此他推出一个“革命日历”，把国家划分成新的行政区，并决定一种国教去敬畏“至高无上的主”。显然，他深信通过清算他的所有对手可以建立一个有道德的帝国。但1794年7月27日，热月政变发生，雅各宾派的统治被推翻。第二天，罗伯斯庇尔自杀未遂之后被处决。取代雅各宾福利委员会的是温和的热月党人。他们尝试整顿财政，并且建立一支反对普鲁士和奥地利的军队。因为在1792年，两国企图通过著名的瓦尔密战役摧毁新诞生的共和国。1799年伟大的拿破仑·波拿巴将军（1769—1821）发动了雾月十八日政变，并担任法国第一执政官，后来加冕皇帝。

当法国大革命爆发时，几乎所有启蒙运动的主要人物都去世了，因此哲学家直接介入政治事件并不存在。大多数还活着的百科全书派甚至反对革命，积极参与的少数人之一是孔多塞侯爵（1743—1794）。他很早就在巴黎参加了启蒙运动，通过数学和科学研究而闻名。在革命中，他作为温和派的代表参加了立法议会，并短暂担任了议长。在激进的雅各宾派推翻吉伦特派之后，他被指控犯有罪行，但他得以逃脱，并在躲藏中完成了他的作品《人类精神进步史表纲要》。这部高度赞扬哲学、科学和艺术进步的著作，对法国的启蒙运动进行了自我反省。在这部著作中，笛卡尔被修复和美化，他生活的时代直到法国大革命这段时间被赞颂为真正社会自由的开始，是历史上最后一个时代。由孔多塞等人提出的“分析哲学”概念被初步构建出来，并在后来的时代进一步地发展，指导人类自我完善。

4. 闪光——思考和自我反思

“批评”和“革命”这两个关键词突出了法国启蒙运动的两个引人注目的特征，比“无神论”和“唯物主义”这两个词更能抓住形式和现象。哲学家的传播学是激进的，至少口头上是激进的。对国家和教会的批评没有哪个国家比法国更加尖锐，也只有法国发生了1789年大革命那样彻底的社会变革。这场伟大的革命完全是一场政治革命，它是法国启蒙运动的终结点。诚然，我们不能事后从“批评”和“革命”的表象审视法国大革命的全部。因为“批评”和“革命”这两个词直至

18世纪末在法国几乎没有什么位置。“批评”一词在法国启蒙运动中主要指哲学和历史批评以及美学评价。在1789年之前，“革命”一词在启蒙运动中意旨命运的改变，或者或多或少可以表示政治的变革。通过革命本身，才形成现代语言中“革命”和“改革”的区别。

法国启蒙运动的意义是由它与法国大革命的多重关系决定的。个人政治立场对大革命的评价起着重要的作用。他们是革命者，还是他们的一些主要领导人只是启蒙运动的支持者和实践者？或者至少是某类启蒙运动的代表？启蒙运动有意还是无意地为法国大革命做了准备？同时代的启蒙运动反对者和革命敌人都断定启蒙运动与法国大革命有明确的因果关系：革命是启蒙运动的必然结果，甚至是其主导者挑起的。还有一些人虽然支持启蒙运动，但反对革命（特别是在其最后阶段），并试图尽量减少启蒙运动在革命中的作用：启蒙运动是精神运动，而革命是社会革命，是巴黎人民的作品。但同样很明显的是，革命的领导阶级运用了启蒙运动和启蒙运动反对者的思想，比如卢梭的思想。这些思想用贴切的语言表达出来就是“自由、平等、博爱”“人和公民的权利”。虽然革命的群众大概对哲学家的理论知之甚少，但这些无处不在的批判性思维方式肯定有助于为大变革铺平道路。然而法国大革命也表现出，理论上的批判讨论可以多么容易地转变为实际的教条主义，甚至启蒙运动（如果被视为一个近似完整的理论体系）也可以被用来推行反启蒙运动的暴力政策。

此外，法国启蒙运动的意义不应仅仅取决于它与法国大革命之间的多重关系。为了理解法国启蒙运动的意义还必须征引其代表人物的自我阐释，其中最重要的是法国启蒙运动的概念。在法语中没有一个词对应“启蒙运动”以及“启蒙运动者”。也许有“éclairer”（照亮、点燃、解释）这个词或者它的分词“éclairé”。此外，还存在“指引”一意，它在传达的意义上与“认识”或“见解”类似。从这个词引申开来，法国的启蒙时代也被称为“光和认识”的时代。“éclairer”和“lumière”这两个基本概念在18世纪对法国启蒙运动的自我解释中起着重要作用。甚至在18世纪下半叶，在笛卡尔的“明确而清晰的认识”一词的影响下，对“光”一词的使用也日益频繁。令人惊讶的是，法语中缺少有关“启蒙”准确表达的词语。想必哲学家们尽管有着团体意识，但比起德国启蒙运动者，他们觉得没有必要采取有针对性的一般行动（对国民的启蒙）。

第四章 德国：形而上学和改革

1. 启蒙运动和专制主义

和英国、法国一样，德国的启蒙运动有深厚的历史沉淀。德国这个名称此时在地理、政治和文化方面已经相当模糊，甚至是一个错误的时代名词。德国从狭义上讲，指与今天地理范围大致相当的地区；但从广义来看，18世纪的德意志帝国包括今天的柏林、德累斯顿等地区和奥地利；从最广义上来说，涵盖整个德语区的文化、语言空间。中世纪时，德国为神圣罗马帝国输送了皇帝，但自身却无法发展成一个中央集权的国家，而成为一个有300多个诸侯国和自治城市，甚至内部有明显利益冲突的政治实体。这种主权主义观念随着教会的分裂而加剧，并作为宗教信条决定了17世纪的社会发展。在英国，新教在宗教战争期间和之后在政治上占主导地位，而在法国，天主教结合君主制可以压制所有异议人士。而德国，正如人们所讲的，18世纪之前一直处于教派纷争中，即路德宗、加尔文宗和天主教。这种宗教—政治局势在1648年的《威斯特伐利亚和约》中被确定下来。德国的宗教和政治分裂主义以及由此产生的文化特殊主义，不仅是普遍存在的社会现状，也是18世纪德国人文科学发展的基础。

17世纪英国和法国中央统治国家的形成促进了各种形式的专制主义倾向，其中也包括德国境内的小国。但在英国，专制主义最终没有机会实行，1688年原则上被制止了。然而专制主义在德国和法国却获得了更大的支持，并一直持续到18世纪末。但是两国之间具体情况存在明显差异。法国是一个专制的大国，德国的许多小封国却带有高度父权的国家建制。只有在普鲁士王国，专制主义才能够更大规模地发展，因为在这里一贯执行权力和扩张政策，这种政策导致了该国一切决定性的官僚主义和军事化，而这种官僚主义和军事化塑造了普鲁士乃至德国数百年来的民族特征，第一次最突出的体现则是1701年的王权争夺。

最重要的霍亨索伦王朝后裔腓特烈二世（1740—1786），被他同时代的人称为腓特烈大帝或者唯一的腓特烈。腓特烈年幼时已经展现出非凡的诗歌和音乐天赋，还有对同时代法国启蒙哲学的偏爱，特别是对伏尔泰的兴趣。因此有些启蒙运动者希望看到他成为未来的哲学王（北方的所罗门）。但他继位后立刻向奥地利女王特蕾莎（在位时间：1740—1780）开战，试图阻止她成为女王。在奥地利王位继承战争中，他成功地将属于奥地利的西里西亚划入普鲁士版图。之后，他又重新专注于精神世界中的兴趣，在波茨坦建造了洛可可风格的城堡无忧宫，还恢复了著名的“圆桌会议”，邀请法国启蒙思想家伏尔泰和拉美特利。但特蕾莎对普鲁士展开了“外交围攻”，腓特烈二世也决定发动一场先发制人的战争，即七年战争（1756—1763）。这场战争使双方筋疲力尽，毫无益处可言。在此之后，这位“老弗里茨”首先与特蕾莎女王的继任者约瑟夫二世（1741—1790）缓和关系，后者对腓特烈二世钦佩有加，而后其全身心投入国家的重组与现代化建设之中。但他对人类蔑视的态度让他的理想主义消耗殆尽。一位启蒙的开明君主，一位企图将启蒙哲学贯彻到政治实践中的君主，现在却认为人民不值得被启蒙。

撕裂启蒙运动和专制主义的腓特烈二世主宰了德国的18世纪。他分裂的人格体现在多个方面——不仅体现在天主教和新教集团中，而且在新教国家内部也是如此。腓特烈二世把普鲁士变成了一个新的启蒙运动中心，但他所推崇的在波茨坦无忧宫和柏林学术界盛行的法国式启蒙运动，与柏林盛行的德国式启蒙运动形成了越来越大的反差，后者由官员、教师、牧师和自由作家组成，他们接受了德国启蒙哲学的教育。然而，不管怎样，普鲁士仍然是一个启蒙运动的国家，这是对其资质的自我理解，即“开明的官僚主义”。但随着腓特烈二世的去世，普鲁士的启蒙运动也迅速结束。1794年颁布的《普鲁士一般邦法》整体上依然是启蒙运动的产物，但1788年至1789年颁布的宗教法令已经意味着普鲁士试图通过法律遏制现代精神的传播。随着法国大革命后一系列战争的爆发，旧普鲁士的军事末日来临了。

出于政治原因，德国国内天主教和新教封国之间的对立依然存在，但新教内部的宗教派别纷争逐渐变得无关紧要。然而德国启蒙运动的一个重要标志是，宗教问题长期以来一直在其中发挥着重要作用。涉及政治层面的宗教问题在1648年原则上已得到解决，在这方面，德国的局势甚至比英国和法国更为缓和，这主要是因为世俗理性战胜了宗教狂热——一种基于政治和宗教分歧的妥协。宗教领土主义在涉及个人良心问题时，有机会转移到其他领域。此外，还有领土内存在多种宗教的情况，出现过引人注目的异教婚姻，以及在领主层面上的宗教融合。当然，这种融合主要出于政治目的，但通过联合和重新联合尽量避免宗教分裂的尝试一直存在。除此之外，还有虔敬主义或者早期启蒙时期的道德教育的方式。无论如何，最初似乎没有任何理由引起激进的宗教批评，但也许有足够的理由非常谨慎地处理这个问题。德国启蒙运动者普遍信奉“理性”的基督教，也正因为如此许多神学家也投入到启蒙运动中。启蒙运动重要的宗教和理论发展首先发生在新教中。早在17世纪的后1/3段，出于对路德宗内信仰僵化和偏移问题的思考，在德国发起了精神重生运动（虔敬主义）。这项运动与同时期的启蒙运动类似，形成了新的虔敬主义，敦促人们重视内在的信仰经验和外在的信仰实践。这项运动的创始人是斯彭内尔（1635—1705）。他号召信徒们聚集起来读《圣经》。1675年他发表了文章《敬虔的欲望》，他的追随者中最重要的一个是被戏称为“虔诚者”的弗兰克（1663—1727）。他曾被召到哈雷大学任教，并在那里建立了著名的孤儿院。他将虔敬主义发展成信仰的运动，还在世界范围内产生了影响。在他的影响下，尼古劳斯·路德维希·青岑多夫（1700—1760）伯爵将虔敬主义发展成宗教神秘主义，本格尔（1687—1752）将其发展成有预言性的历史神学。

虔敬主义在理论和实践方面站稳脚跟后，就对启蒙运动展开了严厉的攻击。然而启蒙哲学在神学中逐渐地、潜移默化地发挥着作用，渐渐渗透。首先，神学家和哲学家（至少在口头上）一致认为理性和启示原则上并不矛盾。一段时期内，一些所谓物理学家将自然现象和对世界的描述解释成神存在的证据成为一种时尚。但是在理性和启示和谐共存的前提下，理性逐渐成为冲突情况下的决定性标准。18世纪中期前后，在神学流派中出现了源于个人信仰和对《圣经》进行理性解释的新神学。但是与此同时，对《圣经》的批评开始激进化。18世纪下半叶，在英国自然神论的影响下，出现了所谓理性主义，例如它否定了一切奇迹。在摆脱了此类讨论的天主教内部，直到18世纪末才出现了启蒙式的反虔敬主义改革运动（费布朗尼乌主义）。

德国的文化状况与其政治、宗教的体系以及物质基础相符。德国在政治、宗教和经济方面均不是统一的国家，没有首都，没有政治和人文中心。虽然拥有共同的语言德语，但缺乏伟大的共同文化印记，也缺乏国家科学院的促进和帮助。而德语直到18世纪在大学中一直处于拉丁语的阴影之下，在宫廷中处于法语的阴影之下。每个君主为了统治需要，都需要大学作为教育官员的场所，而且由于大学是按教派区分的，德国因此成为一个大学遍布的国家（大约1700年前后）。然而，这种学术文化与法国的宫廷文化仍有很大差异。教授所处的资产阶级仍然是不平等和支离破碎的，资产阶级在政治上无能为力，在艺术和文化的贡献也不受到重视。但在18世纪，尤其是在启蒙运动的影响下，德国境内各封国跨越所有政治和宗教界限，逐渐形成了一个连在一起的德国文化空间，奥地利和瑞士也大致如此。更具体地说，是两个文化空间，即天主教文化空间和新教文化空间，或者是这两种宗教之间的文化空间。

18世纪是德国文化史上最丰富和多样的时代之一。但文化在其各个领域，尤其在艺术和科学方面的发展却大相径庭。科学和技术的发展尽管受到各地大学的推动，但作用相对较小。利希滕贝格（1742—1799）是一个例外。他作为一名自然科学家，在学术研究中偶然地提出了哲学观点。只有在莱昂哈德·欧拉（1707—1783）主导研究的数学领域中，德国科学文化才不落后于时代。德国启蒙运动时期的艺术水准与英国和法国相比较弱。艺术与其他门类不同，它的起源、发展往往早于启蒙运动，启蒙运动时期形成的艺术可能依然体现着宗教改革和专制主义。霍多维茨基（1726—1801）凭借其讽刺又高度艺术性的画风，是唯一一位代表启蒙运动，更确切地说，是代表普鲁士的启蒙运动的画家和版画家。在新教国家，艺术似乎甚至与启蒙运动背道而驰。传世至今的音乐中，亨德尔（1685—1759）和巴赫（1685—1750）来自新教国家；海顿（1732—

1809）和莫扎特（1756—1791）来自天主教国家。他们的音乐都是启蒙运动情感的调味剂。音乐和哲学方面硕果累累的作品可以看作内在文化的表现（与法国和英国的社会文化不同）。总而言之，启蒙运动本身主要是一种理性文化，主要表现在哲学和文学上。

2.学院哲学与世界哲学

德国的哲学本质上有两个决定因素：其一，与信奉基督教的国家和专制国家保持良好的关系；其二，与大学体制建立紧密的联系。与宗教和国家的积极关系共同决定着哲学的内容，而第二个因素则主要影响其形式。二者合一为德国哲学的发展提供了土壤，也为哲学家的诞生提供了必不可少的条件。对宗教或多或少的虔诚，身份基本上是忠诚于国家的官员，这些标签让德国哲学家与英国和法国的哲学家有着明显的区别。他们大多是大学教授并愿意与教会展开批判性合作。哲学家以自由作家的职业为生，在德国，因为社会条件，这仅仅是例外。

无论好坏，作为学院哲学的德国哲学，首先是专业哲学、校园哲学。这就意味着哲学家的主要任务是教学生，为学生以及为同事或者为反对他们而写书。因此，德国哲学书籍一般倾向于追求彻底、有条不紊的建构，从而不可避免地显得生硬和死板。此外，在大学的建制上，哲学依然处于从属地位。它在大学中（自中世纪以来隶属神学）与位于高级阶段的学科（神学、法学和医学）相比，只在基础教学阶段授课。严格意义上，哲学在狭义上还包括七门自由艺术，是科学和艺术的结合体，即语言和数学，还有今天所说的人文科学。然而，德国的启蒙哲学早就尝试提高自己在大学的地位，证明自己应属于学术的高级阶段，同时也试图离开或强行离开僵化的学院环境。启蒙运动想要通过知识传播进而改变世界主张，与哲学是所有人的哲学，或者至少是知识分子的哲学这一理念相符。因此，18世纪的哲学在德国被称为“世界智慧”这一说法并不重要。原本这一说法带有宗教性的辱骂和嘲讽，但在17世纪后半叶，这一说法变成了流行的敬语。哲学是世界智慧，与神学不同，它之所以被称为世界智慧，不是因为它主要探究这个世界，而是因为它是普世的，换句话说，它服务于世俗的理性，而不是《圣经》和《启示》。它应该是服务于世界的哲学，也就是说，是一种实用或可行的哲学。从这个意义上讲，德国的启蒙运动早早区分了学院科学和世界科学、学院哲学和世界哲学。自中世纪以来，“流行哲学”一词被广泛使用，但流行哲学在很大程度上仍然只是流行的学院哲学，即学术世界的世界智慧。

德国的启蒙哲学可以从莱布尼茨（1646—1716）算起。虽然莱布尼茨具有许多现代的特征，但基本上依然属于17世纪的形而上学。他是德国历史第一批频繁讲“启蒙”和“被启蒙”的人之一，但他仍然不确定，有时甚至在精神意义上将其称之为“领悟”。虽然他努力推行了一系列改革，1680年至1685年，莱布尼茨接任哈茨矿山工程师的职务，致力于矿井的技术革新。在此期间，为解决矿井底部的积水问题，莱布尼茨设计了一种不受风向影响的水平风车。但莱布尼茨的哲学思想并不是以人类学为导向，而是基本上以宇宙学和神学为导向构建了整体的现实结构。对他来说，虽然强调现实的存在，但永恒和谐的概念一直位于其哲学思想的中心。和谐作为“前定和谐”保证了最终物质单位（单子）的一致。现实诞生于这些物质单位，精神活动和身体现象的一致是最重要的（《单子论》）。它保障了宇宙万物的和谐，也就是说，在一切世界中，现实的恶服务于更高级别的美德（《神义论》）。相应来讲，作为平衡与和解，莱布尼茨在宗教和政治领域均有所建树。他并不认为自己参与了批判性的启蒙运动；相反，他根据传统立场批评了几乎所有他认识的启蒙运动者。

作为一名法学家和哲学家，托马西乌斯探究天赋人权论，其凌驾于法律之上，出自自然的有效规范，这也是自然赋予的权利和义务。因此，哲学与法理学的交会点就是启蒙运动的出发点。他的第一部从讲习稿归纳出的作品原名是《神圣法学概要》(1688)。因为上帝不仅是自然法的创立者，也拥有积极神圣的权利，这种权利部分来说拥有特殊的意义（例如对于犹太人）。不久之后，托马西乌斯又出版了有关逻辑学的著作《宫廷哲学导论》(1688)。这本书是他最新的可行哲学的第一部分，读者主要是宫廷官员。事实上，他的理念已经超越了现代化的拉丁学术范围。早在1687年，他就用德语发表了一篇讲稿（《论对法国人的模仿》），希望能够唤起德国文化革新的可能性。他这样做激怒了拉丁学术界，但他并没有在保守派对手猛烈攻击之下改变立场，还用更尖锐的方式反击——即出版一本德语杂志《月谈》。这是德国第一本同类刊物。

由于与保守的教授集团的矛盾，托马西乌斯逃往柏林，也就是从萨克森来到普鲁士。在那里他庆祝了著作《现在的自由》(1691) 的出版。在哈雷大学，他成为第一所启蒙运动大学的联合创始人。他出版了《理学》(1690) 和《民俗学》(1692)，目的是通过批判性的信息在道德上改善这个世界。托马西乌斯现在开始积极地谴责这种偏见，力争在各个阶级“修补心智”和“修补意志”，妇女也应该参与到这种新的教育中。在《理学》中，他发展了一种几乎决定了整个德国启蒙运动的偏见理论；在《民俗学》中，他阐释了有关理性爱的学说，并认为这是和基督教的仁爱一样，是最高的道德准则。同时，此学说是阐释主要情感（淫欲、野心、贪财）的学说，作为非理性爱的学说，它在德国启蒙运动中也应该起到很大的作用。同时，托马西乌斯也是第一个在区分了爱和正义的基础上，系统性区分强制权力和强制道德的人。由此，他在第二部主要作品

《自然法学教程》中，阐述了三种不同形式的存在（正义、荣誉和体面的规范）。他首先区分了法律和道德，一方面，他倾向于将国家简化为一个纯粹的法治国家；另一方面，他可以在此基础上发展君主和教师在开明专制的意义上的分工合作的思想。君主通过强制执行法律来确保社会的外部和平，教师通过敦促遵守不可强迫的道德规范来确保人的内心安宁。然而托马西乌斯对人类真正完善的希望在这段时间里早已被深深的进步悲观主义所取代。在他年轻的时候，托马西乌斯主要与信义派的路德宗斗争。从这个角度看，他在法律上支持虔敬主义者弗兰克，还把他接到了哈雷大学。然而，他逐渐开始害怕虔敬主义精神上的恐怖。随着弗兰克获得越来越大的世俗权力，双方走向破裂，从而打破了原来的启蒙运动和虔敬主义的联盟。一向主张思想自由的托马西乌斯不想让任何人夺走他的"哲学信仰"，他也憎恶将任何神学上的教条主义作为真理的臆测。尽管他完成了充斥大量神秘主义思想的《试论精神的本质》(1699)，但由于宗教—道德危机，他依然坚持形而上学的批判并在晚年主要投身实际的改革启蒙活动，例如对抗女巫审判。

在托马西乌斯工作的最后阶段，他在哈雷大学与克里斯蒂安·沃尔夫（1679—1754）一起提出了一种完全不同的哲学，并很快在德国各地流行开来。沃尔夫是布雷斯劳一个工匠的儿子，1706年作为一名年轻的数学家来到哈雷。他也很快开始讲授逻辑学，而且是用德语（按照托马西乌斯建立的习惯）。由此诞生了1713年出版的《德语逻辑学》，此书取得了巨大的成功。沃尔夫随后很快写下了《德语形而上学》(1719)、《德语伦理学》(1720）和《德国政治》(1721）以及一系列自然科学作品。所有的作品都以“对……的理性思考”开头，并由此证明了他所要求的新的理性。他在著作中所阐述的方法论的秩序性和清晰的语言，成为德国哲学术语的主要基础和典范，这也使他迅速成名。但当沃尔夫在1721年的一次演讲中谈到中国人的道德的时候，他认为异教徒也是可能有道德的。这遭到了虔敬主义者猛烈的攻击，在国王那里被污蔑为自由意志的否认者。1723年，他在哈雷大学被判处绞刑，因此不得不逃往马堡。他现在被认为是启蒙运动伟大的殉道者，虔信派的胜利被证明是皮洛士式的胜利。在马堡，沃尔夫想成为全人类的导师。这用德语可能很难实现，于是他开始再次用拉丁文完整阐述他的理论体系。他的单卷德语著作由3卷《逻辑学》、6卷《形而上学》、8卷《自然法学》和5卷《伦理学》构成。1740年，沃尔夫被腓特烈二世召回，他得以再次回到哈雷大学。然而，他越来越详细的系统性理论此时遭到越来越多的否认。

就像17世纪其他伟大的形而上学哲学家一样，沃尔夫被现代自然科学的例子所吸引，他希望把哲学建立为一门精确而有证据的学科，他把科学理解为一门有基本原理的学科，而不是一种假设的现象解释。用所谓数学方法，即用明确的术语和清晰的结论，通过“彻底”的认识，逐渐把所有人类可能拥有的知识表示成一个统一的体系。在这一点上，哲学是唯一的认识，是最终的解释原因。哲学是对所有可能事物的认识，也就是对可能性条件的认识，它本质上是唯一的、包罗万象的、解释一切的科学。沃尔夫是所有启蒙哲学家中最以形而上学为导向的，形而上学对他来说是“主科学”。然而与此同时他想成为一名普遍的改革者，即通过传播“思想和美德”来推动社会改革。对他来说，真正的实践取决于真正的理论，即对本质事物的正确认识，沃尔夫也认为只有真正的理论，即他自己的形而上学理论才能使真正的政策成为可能。

沃尔夫的宏观哲学很快就拥有了众多追随者，他的学生几乎遍布德国所有的基督教新教大学。当中最著名的是鲍姆加登（1714—1762），他完善了逻辑学体系，构建了完整的美学体系，代表作是《美学》(1750)。他的美学思想是现代美学的起点。此外，沃尔夫在国外也受到重视，他在法国和意大利，甚至在俄国教授哲学。他的哲学有时形式是现代的，但内容往往是保守的，在天主教中被视为反对无神论的堡垒。因此在某些情况下，是沃尔夫让天主教哲学参与到最初的新教启蒙运动中。

18世纪中叶前后，德国的人文科学氛围发生了巨大的变化，不仅是政治和宗教氛围，还有哲学氛围。随着腓特烈二世当政，以及随后发动的战争，普鲁士迅速崛起，人文科学领域也开始分裂。一方面，一种新的普鲁士爱国主义可能会出现，尤其在柏林，它以一种新的知识分子自我意识的形式出现。另一方面，人们对腓特烈二世这位“哲学王”的失望越来越大，特别是他的启蒙活动和启蒙方式。在宗教领域也发生了显著的变化，尽管虔敬主义以各种各样的形式延续着，特别是在底层人口中，但路德宗在神学上几乎只剩残余。虔敬主义本身丧失原本的属灵的能量，也因它对启蒙运动的政治迫害而失去了信用。此外，对宗教的更清醒的思考也逐渐盛行。《维特海默圣经》(1735）是约翰·洛伦茨·施密特（1702—1749）翻译的《圣经》译本。他把《圣经》当作世俗的文本，剥去一切神奇的事物。这本书被禁了，作者被关进了监狱。约翰·克里斯蒂安·埃德尔曼（1698—1767）在英国自然神论的影响下，背离了虔敬主义。他撰写了一篇对《圣经》分析的批判性的作品（1740)，并因此受到迫害。然而随着新教派的兴起，一种非教条的神学逐渐盛行起来，而理性主义者则已经尝试将《圣经》演变为一种理性宗教。信仰热情的下降和理性意愿的蔓延也首次迫使宗教之间的隔阂变得更加透明。特别是启蒙运动以各种形式也开始在天主教中扎下根来，并导致了天主教改革的开始。还有一点不能忽略，腓特烈二世虽然期望他的臣民具有传统的虔诚观念，但他自己更有自由的精神。在哲学中，他有关精神转变的观点有时和沃尔夫相同，有时不同。沃尔夫试图将哲学视为一种普遍的和基础的科学，也为此撰写了大量的著作。早在他在世的时候，他的学生们就开始用简短的、易懂的汇编形式来描述他的学说。在这个过程中，他们放弃了烦琐的演绎法，从而在很大程度上省去了数学方法；他们坚持“教条主义”的结果。沃尔夫强调的哲学的科学性现在已经不是最重要的了，对精确和最终认识的希望已经失去了吸引力。诚然，沃尔夫的许多理论由学生传播开来，从这个意义上说，他的哲学在任何地方都是存在的。但它们现在被纳入一个面向所有人（不只是受过高等教育的科学家）的哲学体系当中。显然，对一种全新的、贴近生活的哲学的需求再次增长起来。因此在18世纪中叶前后，在对学院哲学与世界哲学进行早期区分的过程中，世界哲学——也就是通俗哲学与学院哲学并驾齐驱。它以“健康的理性”为基础，在内容上多处是折中的。在主题上，与生活相关的心理学和美学问题越来越受到重视。德国启蒙运动也对此产生了重要的影响，这种影响通过1694年建立的哈雷大学以及1737年建立的哥廷根大学传入德国。然而“通俗哲学”一词仍然相当模糊，例如，它也可以被用作讽刺肤浅哲学的贬义词。最著名的代表人物赫尔曼·萨穆埃尔·赖马鲁斯（1694—1768）和摩西·门德尔松（1729—1786），他们坚定地捍卫了通俗哲学。

赖马鲁斯是汉堡约翰尼姆中学的一名教授，他既继承了德国学院哲学的传统，又受到了英国自然神论的影响。他的主要兴趣是宗教，1754年他出版了《自然宗教最崇高的真理》一书，在书中他宣扬了某种自然神论。然而，在此之前他已经开始阐述其中所隐含的对基督教的批评。1765年，《上帝理性崇拜者的辩护与保护令》完成。然而赖马鲁斯却不敢出版，因为书中有基督的复活是因门徒的欺骗等内容。他死后此书被节选出版时，引发了正统神学对启蒙运动的激烈抗议。

门德尔松来自犹太教托拉派家庭，由于出身的关系，他是一位自学成才的人，只能兼职从事哲学研究。他很早就搬到柏林，并迅速与当地启蒙运动者取得联系。他想进入大学但被腓特烈二世拒绝。1763年他因《形而上学中的证据》一文获得学院一等奖并声名鹊起。但他的研究兴趣是另外两个问题：犹太人的处境和自然宗教，这在很大程度上源自他自己的处境。在他的著作《耶路撒冷：论宗教权力和犹太教的问题》（1783）中，他主张国家和宗教的清晰分离和所有宗教的暴力自由。在他的著作《斐多：论灵魂的不朽》（1767）和《晨更——关于上帝存在的早课或讲座》（1785）中，他试图阐述一个理性的、犹太人和基督徒共有的宗教要点。

在18世纪的后1/3段，通俗哲学和教育改革的努力结合在了一起。诚然，启蒙思想本身一直是教育理论和学校实践改革的推动力，但直到卢梭发现了儿童发展阶段的思想，德国才迎来了“教育的世纪”。约翰·伯恩哈德·巴泽多（1724—1790）参与到这场教育改革运动的开始阶段。他于1774年在德绍建立了一所泛爱学校，这所学校以自然的方式教授知识和道德。这个计划的主要设计者是约阿希姆·海因里希·坎佩（1746—

1818）。他构建了理论，并使之适用于普通的学校教育。按照他的教育理念，每个人都应该被教育成好人和好公民。

当然，除了通俗哲学，还有人致力于研究严格的科学哲学，例如约翰·海因里希·兰贝特（1728—1777）。18世纪最伟大的哲学探索者康德（1724—1804）也属于通俗哲学的时代，他试图将通俗哲学与学院哲学和世界哲学区分开来，这种区分在过去的通俗哲学中略显模糊。实际上，康德已经开始将所有的启蒙运动置诸脑后，虽然他的一生几乎与启蒙时代相吻合。尽管他仍然觉得自己是启蒙时代的一分子，但他对启蒙运动的影响是有限的。当然，康德身上有许多细节，这些细节可以追溯到英国、法国以及德国的启蒙哲学，特别是他的宗教哲学著作《单纯理性限度内的宗教》（1793）。他倾向于识别宗教和道德，逐渐与启蒙运动密不可分。然而，康德从道德中发展宗教，而不是像以往一样把道德建立在宗教的基础上。最重要的是，启蒙运动最著名的定义来自康德的文章。然而，这个主要以自身意志力实现自我解放为目的的定义，恰恰不是启蒙运动中常见的自我概念的典型，它更偏向于“思想启蒙”，尤其是对对方信息的批判（国民启蒙）。

基本上康德已经在处理完全不同的问题。迫使他思考的问题首先是形而上学是否可以成为一门科学，以及由此产生的认识可能性的条件问题。在《纯粹理性批判》（1781）中，他宣布对事物本身的认识是不可能的，并把所有的认识都确定为仅仅是对表象的认识，进而用这种原则性的批判认识破坏了普遍存在的启蒙认识乐观主义。在《实践理性批判》(1788) 中，他从自然的事实出发，确立了一种义务学说，将所有真正的道德都建立在对应然的尊重之上，摧毁了关于幸福与美德统一的主流理论（幸福论）。

康德的政治哲学诞生较晚，是在他深受法国大革命的影响下发展成的一种自由的哲学。他将启蒙运动置诸脑后，不再从保护生命和财产的角度出发，而是将正义作为一种国家目的，并将国家限制在维护正义（而不将促进美德和幸福作为其任务）上。

3. 上帝的国家和人类的道德

启蒙文学在德国不属于世界文学，除了少数例外，它在许多情况下参照外国，尤其是以英国和法国为榜样。然而，它从一开始就发展出了一些自有的特性，这显然与德国的情况有关。作家一般属于资产阶级，有一些集诗人和教授身份于一身。新的资产阶级道德文学——除了正在消亡的古典悲剧，不再集中在宫廷和贵族的主题。德国的启蒙文学倾向于刻画友谊和家庭，或者说，将家庭（非政治）作为其主题。但最重要的是，启蒙文学在很长一段时间里仍然是宗教性的。即便宗教或宗派的热忱被对美德的虔诚所取代，上帝依然是最后的参考点。它出现在自然经验中，也存在于美德主题中。因此德国启蒙文学特别是在其早期，具有一种强调虔诚的性质，它不是从启蒙哲学中汲取营养的，而是从莱布尼茨的形而上学和弗兰克的虔敬主义中汲取营养的。神义论和虔诚的氛围均起到了重要的作用。但不言而喻，就像在哲学和神学的时代，美德的要求也是无处不在的。它以一种或另一种形式主导了启蒙文学，直到它的结束，甚至当宗教问题不再是文学主题时它依然以另一种形式出现。

可以断定的是，启蒙思想第一次出现在一个文学流派中，是诗歌的形式——这是让人想不到的结果。代表作品是汉堡贵族巴托尔德·海因里希·布罗克斯（1680—1747）的宗教自然抒情诗。他的诗集《上帝怀中的尘世福乐》共九卷，具有教育性质，也可以算作教育诗篇。布罗克斯还是汉堡爱国者协会的成员，他曾在哈雷大学学习法律，因此很早就熟悉启蒙运动和虔敬主义的思想。在此基础之上，他发展了一种全新的，完全是经验主义的、精确的自然描述方式。他赞颂自然秩序是上帝的智慧。因而物理神学是他孜孜不倦的诗歌创作核心动机。然而，这种单一性很快就使他虔诚的同时代人感到厌倦。他们此时热衷于瑞士人阿尔布雷希特·冯·哈勒尔（1708—1777）的抒情诗，或者更确切地说，道德高尚的教学诗。这位伯尔尼的医学家在一次考察阿尔卑斯山之后，撰写了一首描写山水的诗歌《阿尔卑斯山》，后收于爱国诗集《瑞士诗歌的尝试》(1732)中。他在书中以极强的语言感染力描写了农民的自然和简朴生活，从而开创了文明批评的主题——“瑞士神话”。随后，哈勒尔到哥廷根大学担任教授17年，在那里，他成为哥廷根科学院的创始人之一。

德国早期启蒙文学的真正中心是莱比锡。戈特舍德(1700—1766)将文学与启蒙哲学联系在一起。事实上，新文学的开端是一种文学理论，即戈特舍德的《为德国人写的批判诗学试论》(1730)。在迟疑了一段时间后，戈特舍德接受了沃尔夫的哲学，并成为诗歌教授，后来又成为莱比锡大学逻辑学和形而上学的教授。戈特舍德以古典主义和反批评的法国人为榜样，因为他相信这样做可以建立一种独立的德国戏剧文化。戈特舍德用“言语艺术”和“语言艺术”对他的规范诗学进行补充，在开始阶段大获成功。他反对民间文学，想要将奇幻从文学中剔除出去。他试图将自己的文学理论融入诗歌《垂死的卡托》(1732)中，但并不令人信服。然而他早期普及沃尔夫哲学《整体世界智慧的首要原因》(1733)，以及对英国道德周刊的模仿却非常成功。在汉堡，爱国者协会开始出版有关道德的周刊《爱国者》(1724—1726)之后，又出版了戈特舍德的著作《理性的挑剔者》(1725)和《彼得曼》(1727)。这种从托马西乌斯开始就几乎完全沉寂了下来的文学形式在德国获得了成功。

除了这些广泛的工作之外，戈特舍德还以极大的精力从事翻译工作，进而在哲学启蒙和文学风格塑造方面均发挥了作用。例如，他将皮埃尔·培尔的《历史批判辞典》和莱布尼茨的《神义论》翻译成德语，使这些书籍成为德国启蒙运动的成功推动力。这些工作也离不开他受过教育的妻子路易丝·阿德尔冈德·维克托里（1713—1762），她为这些翻译工作花费了大量的精力。她开始拼命地工作，这位戈特舍德夫人自己也是一名诗人，但她最出名的作品《穿着鱼尾裙的虔诚者》(1736)只完成了一个法语的模板。

文学理论家博德默尔（1698—1783）和布赖丁格（1701—1776）的冲突是决定戈特舍德文学理论命运的关键因素。这两位来自苏黎世的朋友在许多方面都走上了与戈特舍德完全相似的道路，他们也想改革和重塑德国文学。甚至在戈特舍德之前他们就出版了一本有关道德的周刊，名为《艺术家谭》(1721—1723)，以及论文《论想象力的影响和作用》(1727)。虽然他们仍然坚持自然模仿的原则，但这也为诗人腾出了更大的自由空间。很快两位作家特别是在英国文学的影响下，展开了进一步思考。博德默尔捍卫了诗人天马行空描述的权利，也就是描述超理性的事物的权利。布赖丁格捍卫了诗人的想象力，他认为这样才能触动人心。于是，一个扩展的诗歌概念出现了，它不再局限于对思想和美德的阐释和宣传。

戈特舍德与两位苏黎世人的争吵只是一个表象，这表明早在18世纪中叶以前，人们就已经逐渐认识到，在启蒙运动中因反对信仰而逐渐强大起来的理解力，至少在诗歌中不可能回答所有的问题。幸福论的“理解—美德”图式被到处弱化。戈特舍德莱比锡的同事、教授兼作家格勒特（1715—1769），以一篇关于感伤喜剧的论文而获得教授资格，他因其道德教育性的叙事和寓言诗而闻名。他的《道德讲习稿》直到1770年才出版，深受学生们的欢迎，他的小说《瑞典伯爵夫人的生活》（1747）也是如此。从表面来看，似乎只说明了美德的不可动摇性。但格勒特对美德测试的详细描述也让人看到了一种几乎无法掩盖的，通过道德憎恶表现出来的魅力。

早些时候，这两位苏黎世的文学教宗就已经发现，他们无法控制其唤起的智慧。克洛卜施托克（1724—1803）在学生时代就已经下定决心，像英国17世纪的诗人约翰·弥尔顿（1608—1674）一样，将耶稣的生平描述成一部综合性的史诗。经过短暂的神学研究，他全身心地投入诗歌创作中，并在1748年发表史诗《救世主》的前三章。这三章史诗将他的启蒙神学与感性神学激情地结合在一起，以令人印象深刻的诗句朗诵，取得了巨大的成功。然而，一次去苏黎世的拜访导致了克洛卜施托克与他所崇拜的文学理论家博德默尔的决裂，这进而使他从启蒙思想中获得了全面的解放。他的《苏黎世颂歌》充满着对友谊和自然的赞颂，与洛可可式的轻描淡写再无共同之处，标志着一种全新的、充满激情的诗歌理念的开始。然而，《救世主》的续作直到1773年才完成，可能是因为克洛卜施托克对宗教兴趣的减弱，也可能是因为不断的激情措辞没有引起什么共鸣。他的圣经剧和爱国戏剧也没有成功，他希望借此发起一场社会改革的著作《德意志文坛》(1774) 蕴含诗意的贵族文学特质，启蒙思想内容较少。克洛卜施托克既是革命者，又是保守派，他还作为一位长者参加了汉堡庆祝法国大革命的活动。

启蒙运动严格的理性主义和道德哲学特质在18世纪中叶前后不仅在悲悯、幻想和多愁善感等主题上有所突破，而且还分别被德国的洛可可诗歌和洛可可抒情诗所打破。这些苗头可以在弗里德里希·冯·哈格多恩（1708—1754）身上找到。他是一位曾在英国生活过一段时间的汉堡经济法学家，他用优美的寓言和歌曲唱出了田园诗般的乡村生活以及青春、爱情和友谊。阿那克里翁诗体的风潮也以自己的方式回避了启蒙运动严格的理性和道德。这个诗派起源于三位哈雷大学学生的友谊联盟，他们后来成为受人尊敬的教会和政府官员。他们想要庆祝宁静的、社交的，有时有些不道德的生活，但大家也都强调了艺术与生活的区别、诗意的轻佻与资产阶级道德的差异。

最重要的一位作家是克里斯托夫·马丁·威兰（1733—1813）。他最开始从洛可可文学起步，但后来却和它渐行渐远。他是新教牧师的儿子，在大学学习法律，最初成为比伯拉赫市的参议员，后来在埃尔福特大学担任哲学教授。1775年他以魏玛公爵子女教师的身份到达魏玛，从而成为魏玛古典文学的代表。威兰也许是启蒙时代德国最感性的作家，他的主题一直围绕理性与感性的关系。同时他也是同时代最优雅的作家之一，他创作了大量的小说和叙事作品。他总是给自己的讽刺小说《阿迦通的故事》《穆萨里欧》《阿布德拉城居民的故事》等寻找一个古典的，有时候是中世纪的故事背景（《奥伯龙》）。自从抵达魏玛之后，他主要编辑和出版杂志《德意志信使》(1773—1789）和后来的《新德意志信使》(1790—1810)。这两本同时代最成功的杂志不仅涉及文学和哲学问题，同时还发布科学和政治方面的新闻，这也清楚地体现了威兰与启蒙运动的联系。他在1789年的一篇论文中为此行为辩护：只有让每一个“超自然的顿悟的裁缝和鞋匠”不受阻碍地传播他们版本的真理，才会存在真正的启蒙。

德国启蒙运动中最重要的诗人无疑是莱辛（1729—1781)，他动荡的人生开始于萨克森的卡门茨。莱辛的父亲是一名牧师。在莱比锡，莱辛在没有完成学业的情况下就已经前往柏林。在那里，他在一家报社担任编辑和评论家，与哲学家摩西·门德尔松建立了友好关系。1756年，他作为一名普鲁士将军的秘书前往布雷斯劳。1767年，他成为汉堡国家歌剧院的剧作家，该剧院是由十几名汉堡商人创办的。在“好心的想法”——也就是成立一个没有国家的国家歌剧院的想法失败后，他最后在沃尔芬比特尔公爵的图书馆里找到一份管理员的工作。

莱辛最爱的是戏剧。虽然他也写过阿那克里翁诗体的抒情诗、教育诗、寓言诗等，但他很早就开始练习戏剧创作，并潜心研究戏剧理论。他逐渐克服了戈特舍德式的规范诗学和迎合法国口味的戏剧。在他的《汉堡剧评》(1767) 中，他创造了自己独特的风格。他以极大的热情，但绝不总是公正的态度，抛弃了戈特舍德式和法国式的戏剧，表达了对英国文学以及莎士比亚戏剧逐渐接受的态度。但事实上，戈特舍德和格勒特都已经积极地接受了在英国出现的“资产阶级的悲剧”，而法国在英国的影响下出现了“流泪喜剧”，狄德罗已经在理论上为新的资产阶级道德观辩护，并尝试在实践中发展它。

莱辛努力将他的理论付诸实践，即灵魂可以通过感动、恐惧、恐怖以及怜悯，在资产阶级的戏剧中得到道德的净化。他的悲剧《萨拉·萨姆逊小姐》(1755) 讲述了道德上不完美的萨拉·萨姆逊的命运，她临终前原谅了杀害她的凶手（就像她父亲原谅了她的引诱者一样）。虽然这种“资产阶级的悲哀”没有悲剧的必要，但它标志着德国戏剧发展的一个转折点，因为它打破了“身份条款”。换句话说，到目前为止，悲剧里规定的贵族世界成功瓦解了。莱辛在悲剧《爱米丽雅·迦洛蒂》中也表达了类似的观念。这部作品于1757年动笔，但直到1772年才得以完成。在这部作品里，一个年轻而无辜的女儿在她自己的要求下，被道德高尚的父亲杀害，以保护她不受贵族的诱惑。在诱惑和暴力面前，谋杀和自杀成为最后的自由行为。书中所暗示的莱辛对政治关系的批评，受到了狂飙突进运动的拥护者的热情的推崇。但抽象的道德问题及其悲观的解决方案在当时就已不为人所理解。即使是莱辛本人，此时也远离了这种美德的问题和对感伤的市民悲剧的探讨。在艰难地撰写《爱米丽雅·迦洛蒂》的同时他还写了一部滑稽剧，于1767年完成，命名为《明娜·冯·贝恩海姆》或《士兵之福》。这是一部描写贵族生活的喜剧，明娜·冯·贝恩海姆是一个年轻的萨克森贵族，七年战争结束后她遇到了她的未婚夫——普鲁士的军官台尔海姆。台尔海姆被不光彩地解雇了，现在他受了伤，穷困潦倒，并认为自己应该放弃未婚妻、放弃婚姻。他将婚姻视为关乎荣誉的事，而他通过在国王那里重新获得职位最终获得了幸福。《明娜·冯·贝恩海姆》是德国第一部喜剧，但却接近悲剧的内核。普鲁士军官的荣誉和道德靠女主角用爱和避免灾难后果的常识来守护，温和的讽刺一直贯穿整剧。

在他的最后一部戏剧《智者纳旦》(1779）中，莱辛试图间接的，在他的剧场——“他的讲坛”上，说出他在论文中一些被禁止讲出的话。他的“戏剧诗”讲述了犹太教、基督教和伊斯兰教几个相关人物之间复杂而又具有象征意义关系的演变。关于真正信仰的核心问题则由一个环形寓言来回答。根据这个寓言，一个父亲遗留给他的三个儿子一枚奇妙的戒指，以及两枚根本无法区分的复制品，只有实践才能证明谁的手中拥有真正的戒指，也就是真正的宗教。因此该剧的信息如同环形抛物线，表达了对宗教宽容和实践人道主义的呼吁。

莱辛不仅是一位戏剧作家和戏剧理论家，他还研究宗教及其对人类的意义问题。1774年他开始担任图书馆馆长，使用赖马鲁斯的遗产出版了《未署名者片断》。虽然莱辛在许多方面与赖马鲁斯保持距离，但他反对将《圣经》赞颂为上帝的独家言论。这使他陷入与汉堡牧师约翰·梅尔希奥·格策（1717—1786）的长期争论之中，他的续作也终止了。然而将莱辛对宗教的理解局限在与路德宗对立的自然神论立场上，这种看法是片面的。与他同时代的宗教理性主义同样排斥他，这也是为什么他对“柏林不顾宗教信仰的自由，大肆推销索托人”的行为不想了解任何信息。他对理性宗教的希望仍然与对基督教内在真理的信念保持一致。

莱辛把他的宗教信仰与乐观的历史哲学联系在一起。1777年，莱辛完成《论人类的教育》第一部分与对“碎片化论争”的阐述，之后于1780年全部完成。通过接受一个在历史上实现的上帝的教育计划来调和理性和启示。上帝已经逐步向人显现，换句话说，他只让人的理性逐渐认识到宗教的真理，启示的真理最终会被证明是理性的真理。因此，在《旧约》和《新约》之后，第三个“新的，永恒的福音”仍然是可以期待的，它将包含最终的理性宗教。显然，莱辛认为启蒙运动的时代已经开始了，他将与这一历史思潮共同创立德国唯心主义的历史哲学。

莱辛晚年时，各种新的精神流派逐渐出现，但他对这些新的精神流派始终抱有不解的态度。克洛卜施托克在世纪中叶的狂热使莱辛受到了讽刺性的批评，但随之而来的（以及世俗化的虔敬主义还有其他非启蒙主义的苗头）青年风格让他更加反感。对他来说，狂飙突进运动迸发出的创造力就像对感伤的极度激动一样，是陌生的。在这个时代背景下诞生了一系列伟大作品，比如席勒（1759—1805）的《强盗》(1781)，歌德(1749—1832）的《格茨·冯·贝利欣根》(1773）和《少年维特之烦恼》(1774)。莱辛对这些作品认识不足。与狂飙突进相关的理论阐释主要诞生在德国文化区最东北的柯尼斯堡，代表人物是约翰·格奥尔格·哈曼（1730—1788）和约翰·戈特弗里德·赫尔德（1744—1803)。莱辛对此方面也忽视了。

尽管新的文学以及伴随而来的哲学和文学理论都有了进一步发展，但在18世纪的最后20年里，启蒙运动又出现了一定程度的繁荣，这可以称之为晚期启蒙运动。德国也出现了与法国哲学家有相似之处的作家类型，他们不愿意分享对文学和诗学的好感。在德国第一本《道德周刊》出版约60年之后，一种全新的、新式的报刊文体步入大众的视野。这种报刊文体涵盖了从政治到神学的所有文化和生活领域。与法国不同的是，在德国，主笔者不是靠写作谋生的自由作家，而是愿意发表意见的官员，他们大多隶属启蒙派的官僚机构，并彻底和谨慎地用启蒙思想解决所有可能存在的问题。但也有独立的人物，例如柏林出版人兼作家弗里德里希·尼柯莱（1733—1811）。他与门德尔松一起创办了美学与人文科学图书馆（1757），与莱辛和门德尔松出版了《文学通信》(1761—1767）和《图书馆汇编》(1765—1792)。然而启蒙运动晚期的许多作家的精神渊源却是不同的，一部分信奉沃尔夫主义或通俗哲学，另一部分信奉康德主义。

启蒙运动晚期的作家主要集中在柏林。柏林虽然不是德国的首都——德国在政治上根本没有首都，但可以说是德国最大和最强大的公国的首都（排除奥地利，奥地利由于其失败的东扩和南扩，越来越被排挤到边缘地带)。此外，普鲁士因腓特烈二世成为启蒙运动的典范。因此柏林在某种程度上可以被视为德国启蒙运动的首都。在这里，虽然没有一所大学能够主宰这座城市的精神生活，并可能使其更“学术化”，但这里有一所科学院和一大群爱国的官员和作家。他们中的许多人是“星期三协会”(1783—1798）的成员，这是“启蒙之友”的定期聚会。以不公开的形式探讨哲学和政治问题。“星期三协会”最重要的刊物是《柏林月刊》(1783—1796)，它也成为德国晚期启蒙运动的论坛。

晚期启蒙运动在德国的发展，是由一系列文学事件，以及政治事件决定的，其中政治事件起到了更重要的作用。早在18世纪80年代初，腓特烈二世向柏林科学院提出的欺骗国民合法性的问题，就导致了激进改革者和不激进改革者之间的分歧。1783年，教宗约翰·弗里德里希·策纳尔（1753—1804）在《柏林月刊》上附带性提出了“什么是启蒙运动”的问题。这引起了广泛的讨论，康德、门德尔松、威兰等人纷纷参与其中。腓特烈二世去世之后，《柏林月刊》面临的问题更加尖锐化，因为政府更迭让许多领域经过几十年的逐步进步和改革后，第一次遭遇了严峻的挫折。就像对巴伐利亚光照派颁发的禁令（1784年和1785年）。此时，1788年颁布的宗教法令在普鲁士营造了一种新的肃杀气氛。法国大革命及其后果也让德国启蒙运动者面临艰难的抉择。首先，在巴黎发生的事件受到了几乎所有启蒙运动者的拥护（不仅仅是启蒙运动者），每个人有关自由和正义的人类梦想似乎都正在实现。但是，当恐怖行动在巴黎开始，国王被处决，德国被卷入本国领主和法国革命者之间的战争时，各地的氛围开始发生变化。一方面，政治体制变得比以前更加反动，但另一方面，德国并没有形成真正的政治反动力量。德国的雅各宾派从狭义上讲几乎是不存在的。在法国军队的帮助下短暂建立“美因茨共和国”（1793）也不被认为是典范。因此，夹在支持改革和回避改革之间的启蒙运动被撕裂了。

4. 启蒙运动——阐释与自我阐释

与英国和法国相比，德国启蒙运动的哲学是形而上学。虽然托马西乌斯在启蒙运动之初就批评形而上学是一种空泛的概念，但他自己也在形而上学的现实结构中重新发展了自然哲学的概念。虽然康德在启蒙运动结束时宣布形而上学不可能作为一门科学存在，但用他自己的话来说，他同时仍然“不幸地爱上了”它，并发展出他本人认识论之外的“来自形而上学的形而上学”，一种“民俗的形而上学”，即实践—教条主义的本位形而上学，以及一种“自然的形而上学”。康德依靠后者建立了现代物理学。但最重要的是，由沃尔夫及其追随者推崇的学院哲学所主导的启蒙运动发展的60年，与形而上学绝不是敌对的。德国人对形而上学的好感无疑与宗教在启蒙运动中长期发挥的积极作用有关。形而上学的第一个特殊部分是自然或理性的神学，除了道德之外，它还不断承担着一个健全的理性宗教或宗教替代品的作用。在教派启示神学之外，也可以谈论上帝。但可以肯定的是，德国学院哲学中的彻底性倾向也促使人们不断地思考，回归原则性的问题上。

对基础科学必要性的信念通常包括在正确理论基础上对所有实践基础必要性的信念，也就是对真正的政治最终建立在真正的形而上学之上的信念。德国启蒙运动者对政治领域非教条、彻底的“改革主义”的理解更加令人瞩目。在法律和国家理论（自然法理论）中，非常苛刻的原则并不少见，但这些原则的实施逐渐依靠各个主权王国、公国等的“国家智慧”，民众几乎从未要求立即将这些原则付诸实践，例如通过一场革命。这一点当然也可以从德国启蒙运动与专制主义之间的关系的大环境中看出来。而在英国，在议会制取得胜利之后哲学对政治界越来越感兴趣。之所以对政治理论的严重忽视，是因为必要的改革已经成为每个人的事业。尽管在法国基于宗教的专制主义与启蒙运动几乎像敌对集团一样僵持不下，但在德国，启蒙运动和专制主义的长期联盟逐步形成，其原因在于割据势力和专制主义的世俗化需要身为官员的启蒙运动者为它们服务。同样，启蒙运动者也需要这些工作的机会。18世纪中叶后，启蒙运动者与腓特烈二世的争论开始逐步缓和，但直到法国大革命后在许多领域依然存在。德国启蒙运动者对政治改革要求的这种克制，一直被斥责为德国启蒙运动的“非政治”性质。事实上，在德国有一种强烈的倾向，即从社会的纷争中退回内心世界。这可能是出于宗教原因，也可能归因于资产阶级在这个支离破碎的国家的无能表现。当然，这样做在政治上是明智的，在小范围内，例如在“开明的官僚体系内”，实施可能的改进措施，也符合德国人的自我认知。

“启蒙”一词从一开始就扮演着重要的角色，最初它是一个行动的概念，但后来也成为一个时代的概念。早在1691年，

“理智的启蒙”这一概念就记录在字典里。可能从17世纪下半叶开始，“启蒙”这个词越来越频繁地出现。这个词主要受法语“éclairer”一词的影响，古拉丁语“clarificatio”一词可能也起到作用，但英语的影响几乎被排除在外。“启蒙运动”这个名词按照典型的德语构词法，由动词词根和名词词缀组成，在其他语言中找不到相似的构词原则。它指的是一种或多或少有意识的、有计划的行为。虽然“启蒙运动”一词最初的意思与“解释”(erhellung）和“启迪”(erleuchtung）类似，但早在18世纪中期，“启蒙”一词就开始盛行。与此同时，“被启蒙”(aufgeklärt）一词出现，它是形容词，最初的含义与“理智”相关，如今主要指一个特定的时代，并成为一个独立的概念，也就是说没有在意思上可以替代它的词。康德在有关启蒙运动的论文中对“被启蒙的时代”和“启蒙的时代”做了明确的区分，他的论文绝对是最著名和最重要的有关“启蒙”的论述。最初，康德将启蒙解释为个体的自我解放，而不是概念的澄清和对他人的启蒙。这种阐释发生在一个长期被遗忘的讨论的背景之下。这个背景就是18世纪的最后两个十年。在德国，有关“理解”和“自我理解”的讨论涉及启蒙运动的本质、可能性和局限性。这场争论从启蒙运动初期就存在，但直到18世纪末才发展为关于“真正的启蒙运动”的普遍和公开的争论。德国启蒙运动在这场争论中发展了其历史上的自我意识。

第五章 欧洲和美国：接受与反叛

18世纪的启蒙运动并不是英国、法国和德国的特权，虽然在这些国家，启蒙运动出现得早，规模大、影响深远。但在整个欧洲，甚至在美国，都有值得注意的现代化进程，这些进程至少部分具有启蒙运动的特质。虽然条件类似，许多国家的发展也具有相似性，但总会出现“特殊道路”，或者更确切地说，是独立发展的道路。对本国情况的自发反应，以及应对其他国家发展的具体情况，使不同国家发生了不同的反思和改革过程。在一些国家，启蒙运动的解放进程与非启蒙运动的民族自由运动结合起来。这样看来，在英国、法国和德国之外发生的启蒙运动绝不能单纯被理解为一种文化输出和引入的现象，不能将其理解为启蒙运动从“核心国家”扩展到“边缘国家”。尽管启蒙运动的传播现象本身是不可否认的（在英国、法国和德国之间也发生了文化或启蒙运动的传播），但启蒙运动在其他国家的接受程度主要依赖于其自身的情况，即对其自身条件的批评，以及在某种程度上反对或反叛的可能性。因此，在欧洲和美洲各地，启蒙运动虽遍地开花却各具特征。

此外，我们不能忽视这样一个事实，即在启蒙运动传播的过程中，有不同的启蒙模式或类型在发挥着作用，它们部分合作，部分竞争，特别是德国启蒙运动和法国启蒙运动。它们在内容和形式上，特别是在批评的口吻上均有许多不同之处。这就是为什么启蒙运动在同时代的人看来有不同的评价——德国的启蒙运动似乎是温和的，法国的启蒙运动似乎是激进的。在18世纪的法国，启蒙运动更多被视为革命的准备，甚至可以被称为真正的启蒙运动。而德国的启蒙运动在许多人看来可能不是真实的启蒙运动，甚至被认为是“反”启蒙运动。

在对一种或另一种启蒙运动的解析中，有许多因素起了作用。例如，启蒙运动发生的社会阶层，或者说，启蒙运动接受的文化范围。是贵族阶层的启蒙接受（就像法国启蒙运动中的倾向），还是资产阶级学者文化的意义上的启蒙接受（就像德国启蒙运动中的倾向）。具有普遍意义的因素还包括地理或语言上的接近、共同的宗教和文化传统。例如，由于政治和语言上的差异，英国启蒙运动（狭义上的）与苏格兰启蒙运动形成了鲜明的对比。英国的启蒙运动与哲学和文学紧密地统一在一起，而爱尔兰只有新教上层阶级参与到英国的启蒙运动中。奥地利、德国和瑞士拥有与德语区紧密相连的文化区，但也有自己的文化生活，并且发展了自身的教育形式，与德国在宗教和政治上是分开的。

1.奥地利和瑞士

在奥地利，由于各个方面的差异，其发展与德国，特别是普鲁士完全不同。奥地利是一个彻底的天主教国家，由于反对宗教改革，政治和文化得以保持和发展。1733年，萨尔茨堡新教徒还被驱逐出该国。从另一个角度看，奥地利的启蒙运动发生在18世纪中叶，导火索是王位继承战争的失败。其旨在实施专制主义中央集权下的一系列实际改革，但不受德国等理论启蒙概念的约束。约瑟夫二世在皇后去世后的1780年采取了这些措施，以开明的专制主义为指导，努力通过统一法律制度废除贵族特权。最重要的是，他通过解绑教会和国家的关系，进而使社会现代化。他和特蕾莎女王一样，得到了多才多艺的改革家约瑟夫·冯·索南费尔斯（1733—1817）的支持。索南费尔斯是从尼科尔斯堡移民而来并皈依基督教的犹太人，在维也纳担任公共管理教授，除此之外他还是一位富有的作家。但是受形势所迫，这种自上而下的启蒙运动实际上是一场自上而下的革命（约瑟夫主义），很快就失败了，因为它在人民中，特别是在教会政治中没有基础。在约瑟夫二世去世前不久，其不得不撤回一些发布的诏令。

而瑞士的人文发展却有所不同。这个阿尔卑斯山脉共和国启蒙运动的发展是由其复杂的情况决定的，主要原因是东部德语区和西部法语区的解体，以及天主教和新教之间存在的差异。上述原因导致18世纪这个山区国家在某些方面相对于整个欧洲现代化进程的落后，也使得瑞士的“以外部为导向”的发展趋势得到了加强。巴塞尔、伯尔尼和苏黎世面向德意志地区，特别是普鲁士；日内瓦面向巴黎。同时在德语区还出现了因反法国而发起的接受英语文学的热潮，甚至在瑞士西部出现了对德国的法律哲学（法语翻译版本）的学习热潮。许多瑞士人效仿阿尔布雷希特·冯·哈勒尔，他们离开家乡的时间或长或短，或者像卢梭一样离开就不再回来。但这也让瑞士形成了独立的启蒙运动中心，例如苏黎世文学理论学派，代表人物为博德默尔和布赖丁格；瑞士西部自然法学派，其代表人物为让·巴贝拉克（1674—1744）、布拉马基（1694—1784）和瓦泰勒（1714—1767）。此外，瑞士的启蒙运动还深受普芬道夫和托马西乌斯的影响。在强调爱国主义的意义上，伊萨克·伊塞兰（1728—1782）和路德维希·冯·穆拉特（1665—1749）在瑞士产生了重要影响。“瑞士的社会团体”（1761）和其他爱国团体成为这种实践型启蒙运动的重要载体，同时也是爱国和共和启蒙运动的重要载体。在普鲁士的纳沙泰尔湖的另一端甚至诞生了某种程度上与法国百科全书派形成对比的在伊韦尔东印制的《百科全书》（1770—1780）。

2. 意大利、西班牙和葡萄牙

在欧洲南部和西南部的这些浪漫国家，启蒙运动的情况完全不同——在这些国家，我们可以谈论更广泛的启蒙运动。意大利、西班牙和葡萄牙在启蒙运动中自然也受到法国的影响——地理、政治、宗教和文化等各个方面，特别是语言。深入观察会发现，在这些严格的天主教国家，启蒙运动也具有很多独有的特征，部分在整个欧洲的范围内引起了人文和社会改革，甚至引发了革命。

意大利18世纪处于分裂之中，就像德国没有首都一样。天主教——以梵蒂冈这种教会国的形式，拥有一种真正的、政治上和精神上保守的力量，将启蒙运动视为一种风险。罗马成为反启蒙运动的中心。然而在教会内部，改革天主教的观念也在发展，尽管大多数情况下没有理论上的明确的启蒙概念，洛多维科·安东尼奥·穆拉托里神父（1672—1750）是这一类改革者的代表。他很早就主张进行世俗的历史研究和文化改革。其他神职人员，如在法国生活了很长时间的费迪南多·加利亚尼（1728—1787），在法国启蒙运动的影响下甚至在内部脱离了天主教。启蒙运动在意大利北半部更活跃更突出。一群以民族启蒙为己任的年轻的改革者聚集在米兰的《咖啡馆》杂志（1764—1766）周围。其中包括切萨雷·贝卡里亚（1738—

1794），他在《论犯罪与刑罚》（1764）一书中倡导废除酷刑和死刑，在欧洲引起了轰动。在托斯卡纳，这是奥地利统治的意大利北部国家之一，在开明绝对主义的意义上，这一由托斯卡纳大公利奥波德二世（1747—1792）提出的提议甚至在短期内实现了。在那不勒斯，维科（1668—1744）在一种新的、不再具有启蒙意义的历史哲学的帮助下，对起源于笛卡尔的理性主义提出了批评。1799年，在法国的帮助下，他甚至建立了一个短暂的雅各宾派统治政权。

西班牙也不是一个“没有启蒙运动的国家”。开端是在波旁王朝国王腓力五世（在位时间：1700—1746）领导下进行的反宗教改革。这一系列改革包括建立科学院，同时这也让启蒙运动的思想传播开来。直到18世纪中叶，西班牙最重要的启蒙运动者是本笃会神父贝尼托·赫罗尼莫·费霍·蒙特内格罗（1676—1764），他以法国17世纪哲学为基础，同时参照牛顿的科学研究。在卡洛斯三世（在位时间：1759—1788）的统治下，他的大臣阿瓦尔卡·德·博莱亚·阿兰达（1718—1798）——开明专制时期开明官僚的主要代表之一，在1767年将耶稣会逐出西班牙，西班牙的自由化达到了顶峰。与此同时，西班牙的文学和戏剧也蓬勃发展，而民间的基督圣体节游戏则被禁止，原因是它亵渎神灵。1759年，比巴黎早了20年，第一份日报在马德里出版。然而，随着拿破仑对西班牙的征服，自由主义和强调民族改革的运动崩溃了。

在葡萄牙，盛行的天主教最初也压制了所有重要的创新和变革。直到在法国启蒙运动的影响下，庞巴尔侯爵（1699—1782）才在1756年成为若泽一世（在位时间：1750—1777）的首相。此时社会情况突然发生了变化，专制暴力已经开始促使该国激进的现代化进程。1759年，启蒙运动者也不喜欢的耶稣会士被逮捕和处决，庞巴尔的反教会措施达到高峰。至此，葡萄牙似乎在欧洲激进的启蒙运动中处于领先地位。然而随着庞巴尔在1777年倒台，葡萄牙再次退出欧洲的启蒙运动。

3. 荷兰、丹麦和瑞典

与天主教占统治地位的欧洲南部和西南部不同，启蒙运动在新教占绝对优势地位的欧洲北部和西北部表现出截然不同的情况。苏格兰和爱尔兰与英格兰存在千丝万缕的文化联系，而荷兰、丹麦和瑞典能够相对独立地解决本国发生的问题。

荷兰在17世纪下半叶和18世纪上半叶因其社会宽容而闻名，在启蒙思想的产生和传播中发挥了重要作用的主要是书籍和报纸。《南特敕令》废除后，这里成为许多胡格诺派教徒的避难所。这一时期启蒙运动最著名的代表人物惠更斯（1629—1695）和列文虎克（1632—1723）在国际上享有声望。而此时，居住在荷兰的犹太哲学家斯宾诺莎（1632—1677）对宗教的批评最初遭到了强烈的反对。在这种情况下，出现对全民产生影响的启蒙运动绝无可能。直到18世纪上半叶，独立的荷兰启蒙运动才发展起来，这主要是对法国启蒙运动的无神论和唯物主义倾向做出回应，但也有一些政治原因，例如对法国进一步扩张的恐惧。荷兰人希望在宗教上采取比较保守的启蒙改革措施，像德国那样，而不是像所谓“真正的启蒙运动”那样。它寻求在信仰与理性之间达成妥协，并通过道德更新社会。但这种道德同时也是1795年法国以革命的名义征服荷兰的受害者。

丹麦在18世纪还是一个强盛的国家，其领土一直延伸到德国汉堡。因此丹麦由两个不同的民族群体组成，他们的语言和兴趣也不同。但在启蒙运动的传播过程中，以及实际改革过程中，比如引入学校的规定等方面，双方进行了很好的合作。由于德国人占有相当高的人口比例（直到最高国家机关依然如此），丹麦早期的人文情况主要是与德国思想潮流（与虔敬主义，但也与沃尔夫主义）的冲突。但到了18世纪下半叶，约翰·伯恩哈德·巴泽多（1724—1790）则在泛爱学校任教。精神病国王克里斯蒂安七世的德国私人医生施特林泽（1737—1772）是一位激进的启蒙运动者，他于1770年提出了废除审查制度，使丹麦成为享有特别自由声誉的土地。丹麦最重要的民间团体的代表是作家路德维格·霍尔伯格（1684—1754），他曾在哈雷大学跟随托马西乌斯学习。霍尔伯格亲自教授自然法，并代表开明的专制主义。他主要与宗教不宽容做斗争，丹麦资产阶级的其他启蒙运动者后来也表达了对贵族的批评。

瑞典的启蒙运动从一开始就受到法国的强烈影响，因为在这里启蒙运动是通过贵族进入这个国家的。但也许因为瑞典最初对普鲁士怀有敌意，早期启蒙思想发展的原因并不明确。自18世纪中叶以来，法国文化对瑞典的影响越来越大，法国启蒙运动的影响也越来越大。阿道夫·弗雷德里克（在位时间：1751—1771）和他的妻子路易丝·乌尔丽克（1720—1782）对此发挥了重要作用。他们早期成立了一所科学院（1739），后来又成立了美学学院、歌剧院、国家剧院和瑞典科学院。1760年“瑞典水星”出现了，这是一个启蒙运动的新闻论坛。1766年新闻自由受到限制，在这一发展过程中，除了法语、德语中的“启蒙”一词外，瑞典语中的“启蒙”(upplysning）一词也逐渐出现。同时，这种信息接收的局限性也很明显。法国对宗教和教会的批评在新教奉行的瑞典几乎没有回音。瑞典启蒙运动者的政治野心，就像几乎其他所有地方一样，在对开明专制的希望和对共和国的倾向之间摇摆不定。瑞典启蒙运动的重要代表人物植物学家卡尔·冯·林奈（1707—1778）和自然哲学家、神学家伊曼纽尔·斯韦登堡（1688—1772）依然或再次发出强烈的非理性主义倾向。但是在法国大革命爆发之前和之后，瑞典的人文科学氛围也发生了变化。古斯塔夫三世（在位时间：1771—1792）最初支持启蒙运动，但由于它（特别在法国）明显威胁到君主制和宗教，因此越来越反对它。在18世纪90年代，瑞典也开始讨论真正的启蒙运动，这很可能是受到德国的影响。

4. 波兰、俄国和匈牙利

在东欧和东南欧，表面看来启蒙运动似乎只是一个影子。启蒙运动的群众基础比西欧还薄弱，除了少数例外，也缺乏具有代表性的人物。启蒙运动和改革进程的缺乏主要有三个密切相关的原因：教育的普遍缺乏、人民的极度贫困，以及天主教和东正教的强大地位。与中欧和西欧相比，许多落后的地区迫切需要进行各种改革，但这种落后也阻碍了启蒙运动的发展，这种影响至今依然存在。

波兰在18世纪是一个天主教的国家，这里的精神生活仍然是由反对改革的耶稣会决定的。但就像在中下层贵族中一样，在主要是资产阶级出身的神职人员中，早在18世纪上半叶就出现了教育改革的支持者。例如，他们提议在华沙建立了一所骑士学校（1740）。种种启蒙运动的苗头此时纷纷出现。虽然一开始发起了来自普鲁士的改革运动，但随着斯坦尼斯瓦夫二世（在位时间：1764—1795）的加冕，波兰的启蒙运动则越来越受到法国的影响。对法国文化的接受，在很大程度上仍然局限于贵族，并伴随着对宗教和封建主义的批判。针对国家的政治局势，一场更广泛的社会改革辩论开始了。1791年5月3日，波兰议会通过了欧洲第一部宪法，即1791年五·三宪法。但随着波兰被俄国、普鲁士和奥地利瓜分，启蒙运动也迅速结束。

如果按广义理解，俄国启蒙运动很早就开始了，起源可以追溯到专制统治者彼得一世（在位时间：1682—1725）。沙皇试图在“西方思想”的影响下对俄国实施暴力统治和残酷的现代化。这与其说是人民的启蒙，不如说是国家的现代化，特别是经济和军队的现代化。但这些措施，例如圣彼得堡科学院的成立（1724），最初只停留在想法上。在沙皇伊丽莎白一世（在位时间：1741—1762）的领导下，俄国建立了莫斯科大学（1755）和艺术学院（1757），圣彼得堡的精英开始在领导层中占据一席之地，尤其是来自沃尔夫学派的米哈伊尔·瓦西里耶维奇·罗蒙诺索夫（1711—1765）发挥了重要作用。沙皇叶卡捷琳娜二世（在位时间：1762—1796）在宗教上是开放的，但在政治上是专制的。在她的统治之下，俄国追随法国启蒙运动的步伐，成为进一步向西方开放的国家。但是，不断发展的启蒙运动始终局限于上层社会，在精神上受东正教的支配。而广大人民群众却被排斥在启蒙运动之外，他们对“西方思想”充满了不信任。当法国大革命本身威胁到开明专制时，启蒙运动在俄国也突然停止了。

在东南欧，启蒙运动能够在匈牙利站稳脚跟，这与它和奥地利的政治联系密不可分，虽然出现相对较晚，并且也仅仅存在于18世纪70年代。但是，匈牙利启蒙运动对奥地利约瑟夫主义的好感非常有限，因为后者在很大程度上是贵族或资产阶级，持爱国或“民族”的思想。由于缺乏通识教育，这种启蒙的传递者大多来自贵族精英。匈牙利启蒙文学的奠基人拜谢涅伊·哲尔吉（1747—1811），曾是玛丽亚·特蕾莎女王的贴身侍卫；其他作家则来自不同的宗教团体。与其他地方一样，杂志和书籍的产量迅速增加，尤其是在约瑟夫二世统治时期。在资产阶级阵营中，有一小部分人甚至在18世纪末极短的时间内转向了法国大革命的激进思想。

5. 美国

与欧洲相似但又有本质差异的是18世纪美国的人文状况。美国，直到18世纪末在很大程度上仍然是欧洲殖民地。在启蒙运动时代，美国最初仅反映了欧洲的精神运动，因为它依然是一个移民国家。在西班牙和葡萄牙的天主教氛围之下，南美洲几乎没有注意到启蒙运动；在北美，至少偶尔会看到英国、法国和德国的启蒙运动的书籍。由于缺乏自己的作家，美国的读物大多来自欧洲。从另一个方面看，在一个几乎没有传统负担的国家，现代思想的传播也特别有利。可以说，对宗教宽容和尊重人权的要求是该国立国的一部分。因此，《独立宣言》（1776）和《权利法案》（1791）中，均蕴含了自然法律原则和共和倾向。这一时期的领袖人物，如托马斯·潘恩（1737—1809）、本杰明·富兰克林（1706—1790）和托马斯·杰斐逊（1743—1826）与欧洲启蒙运动有直接联系。美国殖民地对英国的反抗最初是一场经济上的反抗运动，但它以启蒙思想的名义获得了合法性，这些思想主要来自英国，同时也来自法国和德国。身处北美洲的美国摆脱了英国的君主制，成为第一个现代民主国家，它有一部成文的宪法，保障个人的自由和追求幸福的权利。这些不可能对欧洲启蒙运动没有影响。对许多18世纪的欧洲作家来说，美国此时成为自由之地的代名词。

对启蒙运动的接受和启蒙运动者的反抗以多种方式相互联系。一方面，欧洲各国的反对或反叛的势力，也就是对本国内部条件的批评，推进了本国或外国启蒙运动的发展。另一方面，是另一个国家（无论是美国还是法国）的叛乱或革命刺激助长了本国的模仿。然而，对革命的接受态度特别是外国革命军的暴力革命输入，也可能导致革命向相反的方向发展——启蒙运动的结束，或者对叛乱的反抗。

第六章　启蒙运动：一个时代的终结？

1. 启蒙运动的失败

早在1780年前后，启蒙运动就开始在其“核心国家”中遭受严重的破坏。随着启蒙运动的伟大先驱和代表逐渐远去，启蒙运动的口号（尤其是启蒙运动本身）由于不断重复而越来越失去吸引力和影响力。与此同时，到处都有公开的非理性主义运动，特别是在年轻人当中。此时，情感和想象力、自然和历史、奇妙和可怕的疯狂取代了与启蒙运动的道德主义密切相关的旧感伤主义。黑暗获得了魅力，这与所谓肤浅的头脑理解背道而驰。一方面，此时出现了一种新的宗教需求，这种需求仍然没有得到理性宗教的满足；但另一方面，也有一种日益增长的强权政治需求，即在行政上与启蒙运动对峙的威胁或者恐惧。无论哪种方式，曾经处于攻势的启蒙运动都越来越处于防御的状态。

启蒙运动结束的决定性因素是法国大革命。从表面上看，它似乎实现了启蒙运动的基本要求，因此它引起了许多人的极大热情，包括不参加启蒙运动的知识分子，尤其是在德国（而在法国的启蒙运动中，统治者和许多贵族对法国文化的同情在1789年相当突然地结束了）。但是当国王在巴黎被处决，恐怖氛围笼罩全境时，精神和政治气氛迅速改变。革命在各地引发了民族战争，特别是拿破仑的征服战争，这摧毁了“启蒙运动国际联合”的理念。理性的世界资产阶级的梦想与民族的历史现实发生了碰撞。国家本身不再是一种工具（自由、正义、财产保护等），而是一种社会契约的假设，被视为自然或历史的有机体，甚至是神圣的观念。

启蒙运动的结束可以视为失败和压制，也可以视为危机和变革，即反启蒙运动的胜利；或者理解为新的思想，或者仅仅是通往新的、更高的启蒙运动的通道。这场争论还远未结束，启蒙运动的结束是否意味着人类自由理性的幻想观念的最终失败，还只是现代性的暂时弱点？首先，18世纪末启蒙运动的失败和悲惨结局不可避免。即使启蒙运动的思想在18世纪末所包含的真理并不比开始时少，但这些显然不够。18世纪许多口号的侧重点发生了变化（从理解到理性，从美德到自由，从自然义务到自然权利），这些表现了启蒙的各种努力，这些努力让不断变化的现实或体验得以实现，但显然只有部分得以实现。其次，启蒙运动使其自身不被理解的感觉经验（例如自我感觉的提升）得以实现。特别是法国大革命，虽然它很短暂，但却是一场全新的革命。长期以来，人们一直在寻求实现人类共存的可能性，对新问题的思考似乎无法通过启蒙运动的概念方法来解决。

我们不能忽视的是，启蒙运动的失败也可以视为其成功的结果。它有关人权和宽容的成就，虽然一再受到威胁，但基本上已经成为理所当然的事情。它的一些假设甚至通过法律改革进入了国家秩序之中，特别是在教育领域，通过扫盲加快了全面现代化的进程，同时也促进了医疗卫生领域的改进行动。最重要的是，启蒙运动让那些具有一定广度和深度的国家产生了一种理性的心态，进而诞生了一种辩论批评的能力，这种能力理所当然地渗透到了今天的日常生活中（至少作为一种要求）。尽管宗教或政治决定的复辟任何时候都存在，但也可以将此类事件当成浪漫主义或纯粹的戏剧。

然而，我们也必须强调，18世纪的启蒙运动不仅由于历史原因在发展过程中失败了，而且不管是从抽象还是从普遍性方面看，启蒙运动本身既是知识的获取（自我启蒙），也是知识的传播（对他人的启蒙）——但它原则上存在问题，因此总是有失败的危险。因为无论是理论上还是实践上的理性似乎都比启蒙运动者通常愿意接受的更为狭隘。尽管认识的可能性和局限性问题从一开始就伴随着启蒙运动，甚至导致了启蒙运动对认识的彻底批判，但个人的经验或理性认识的确定性在很大程度上仍然存在。虽然道德改善的可能性和局限性问题也被反复讨论，但大多数哲学家和诗人最终并没有质疑道德。最重要的是，对他人启蒙的问题始终存在（对他人启蒙与自我启蒙的区别），即通常意义上的启蒙仍然被低估了。启蒙运动通常不会到达最需要它的人那里，他们甚至没有启蒙的意愿或不具备启蒙的能力。因此，启蒙成功的可能性总是小于失败的可能性。

2. 启蒙运动的时效性

也许启蒙运动留下的最大问题是它自身的作用问题，即启蒙运动的可能性和局限性问题，特别是它自身造成的问题。启蒙运动的许多成就无法被时代的终结和后世对它的蔑视所逆转，启蒙运动带来了发展，我们今天仍然生活在启蒙运动所取得的成果的基础上。尽管许多问题是由世界的现代化进程造成的，但可以理解的是，这些问题主要归咎于启蒙运动，因为启蒙运动在很大程度上为现代化提供了意识形态。不管怎么说，启蒙运动（通过援引理性来反对传统）加强了对过去的关注和对未来的应对，传统与解放、现代主义与反现代主义、价值保守主义与进步热情在各地日益对立，最终这种分裂反映在个体身上，在这方面，启蒙运动本身就是一个带有时效性的问题。

人们可以用“启蒙辩证法”这个广泛的术语来概括这些问题，也可以概括许多其他两极问题。在一个时代之后，思想的提升总是伴随着伟大的信仰时代（18世纪也是被如此认识，人们对此充满恐惧）的到来。也可以认为，对理解的强烈支配抑制了精神和身体，迫使其以一种或另一种形式（在18世纪事实上已经发生）进行反击。或者说，坚定的人道主义必将转变为好战的恐怖主义。此外，人们还可以更普遍地认为，启蒙运动（总是）与神话做斗争，但它本身（总是）已经退化为神话。因此，一方面，一切都是神话；另一方面，一切都是启蒙运动。如果要使这一论点具体化，则需要进行许多区分，尤其是在启蒙运动的概念方面。启蒙运动不应被错误地等同于实证主义和技术科学。有一种情况一直并不明了：启蒙运动自身的启蒙是否只是对文化的自鸣得意的批评，还是为更具反思性的启蒙做准备。

无论答案是哪一种，只对启蒙运动进行斥责或对启蒙运动不加批判，这些都没有多大帮助。所有对启蒙运动的批评——不仅在时间上，而且在事实上——都是通过启蒙才得以实现的。对启蒙运动的批评以启蒙为实现途径，它本身就是对启蒙的启蒙；启蒙批评是作为批评理解的启蒙，即元批评，但它本身也可以追溯到教条主义或非理性主义。因此对启蒙运动的批评，尤其是对启蒙运动缺乏自我反思的批评，是可以期待的。就启蒙批评本身而言，即使存在这样的误解，也不是反启蒙，而是倾向于更高的启蒙。只要它不使普通人变得教条或非理性，那么它本身就是启蒙运动的延续。启蒙运动并不能解决他们的问题，但它从本质上深化了这些问题。

当然，从持续的反思或无休止的剖析上讲，启蒙运动是枯燥和没希望的。唯一的问题是：还有什么选择？我们的思想、知识并不是一切，这一点不需要争论。但如果说理性必须以某种名义牺牲自己，那就必须深入思考。使自我变得愚钝或者盲目本质上都不是思考想要的结果，即便所有启蒙运动都可能不知道我们所提问题的合理答案。

参考文献

Die vorliegende Literaturauswahl soll Möglichkeiten zu einer ersten Vertiefung in das Zeitalter der Aufklärung eröffnen. Daher wurden nur Bücher aufgenommen, die allgemeine oder besonders wichtige Aspekte der Aufklärung behandeln; Monographien zu einzelnen Personen, Ausgaben von Werken oder Textsammlungen sowie Aufsätze wurden nicht aufgenommen. Für weitergehende Interessen bieten die meisten der hier genannten Bücher detaillierte Überblicke zur jeweiligen Forschungsliteratur.

Alt, Peter-André: *Aufklärung* (Stuttgart, Weimar 1996).

Bäumler, Alfred: *Das Irrationalitätsproblem in der Ästhetik und Logik des 18. Jh. bis zur Kritik der Urteilskraft* (Darmstadt 1967).

Baruzzi, Arno (Hg.): *Aufklärung und Materialismus im Frankreich des 18. Jahrhunderts* (München 1968).

Beck, Lewis White: *Early German Philosophy. Kant and his Predecessors* (Cambridge, Mass. 1969).

Becker, Karin Elisabeth: *Licht – [L]lumière[s] – Siècle des Lumières. Von der Lichtmetapher zum Epochenbegriff der Aufklärung in Frankreich* (Inaug. Diss. Köln 1994).

Cassirer, Ernst: *Die Philosophie der Aufklärung* (Tübingen 1932).

Dieckmann, Herbert: *Diderot und die Aufklärung. Aufsätze zur europäischen Literatur des 18. Jahrhunderts* (Stuttgart 1972).

– *Studien zur europäischen Aufklärung* (München 1974).

Fabian, Bernhard/Schmidt-Biggemann, Wilhelm (Hg.): *Das achtzehnte Jahrhundert als Epoche* (Nendeln 1978).

Fontius, Martin/Schneiders, Werner: *Die Philosophie und die Belles-Lettres* (Berlin 1996).

Förster, Wolfgang (Hg.): *Aufklärung in Berlin* (Berlin 1989).

Gay, Peter: *Enlightenment: An Interpretation – The Rise of Modern Paganism* (London 1967).

– *Enlightenment: An Interpretation – The Science of Freedom* (London 1970).

Geyer, Paul (Hg.): *Das 18. Jahrhundert. Aufklärung* (Regensburg 1995).

Grimm, Jürgen (Hg.): *Französische Literaturgeschichte* (Stuttgart 1989).

Grimminger, Rolf (Hg.): *Hansers Sozialgeschichte der deutschen Literatur vom 16. Jh. bis zur Gegenwart. Bd. 3. Deutsche Aufklärung bis zur Französischen Revolution 1680–1789* (München, Wien 1980).

Hazard, Paul: *Die Krise des europäischen Geistes 1680–1715* (Hamburg 1939).

– *Die Herrschaft der Vernunft. Das europäische Denken im 18. Jh.* (Hamburg 1949).

Erziehung im Konstitutionsprozeß der bürgerlichen Gesellschaft im 18. und frühen 19. Jahrhundert in Deutschland (Weinheim 1993).
Im Hof, Ulrich: *Das Europa der Aufklärung* (1993; 2. Aufl. München 1995).
Jüttner, Siegfried/Schlobach, Jochen (Hg.): *Europäische Aufklärung(en). Einheit und nationale Vielfalt* (Hamburg 1992).
Knabe, Peter-Eckhard (Hg.): *Schlüsselbegriffe des kunsttheoretischen Denkens in Frankreich von der Spätklassik bis zum Ende der Aufklärung* (Düsseldorf 1972).
– (Hg.): *Frankreich im Zeitalter der Aufklärung. Eine Kölner Ringvorlesung* (Köln 1985).
Kondylis, Panajotis: *Die Aufklärung im Rahmen des neuzeitlichen Rationalismus* (Stuttgart 1981).
Krauss, Werner: *Perspektiven und Probleme. Zur französischen und deutschen Aufklärung und andere Aufsätze* (Neuwied, Berlin 1965).
Martens, Wolfgang: *Die Botschaft der Tugend. Die Aufklärung im Spiegel der deutschen moralischen Wochenschriften* (Stuttgart 1968).
Merker, Nicolao: *Die Aufklärung in Deutschland* (München 1982).
Möller, Horst: *Vernunft und Kritik. Deutsche Aufklärung im 17. und 18. Jahrhundert* (Frankfurt/Main 1986).
Mondot, Jean/Valentin, Jean-Marie/Voss, Jürgen (Hg.): *Deutsche in Frankreich, Franzosen in Deutschland 1715–1789. Allemands en France, Français en Allemagne 1715–1789* (Sigmaringen 1992).
Mortier, Roland: *Clartés et Ombres du Siècle des Lumières. Etudes sur le XVIIIe siècle littéraire* (Genf 1969).
Pütz, Peter: *Die deutsche Aufklärung* (Darmstadt 1978).
Raabe, Paul/Schmidt-Biggemann, Wilhelm (Hg.): *Aufklärung in Deutschland* (Bonn 1979).
Röd, Wolfgang: *Die Philosophie der Neuzeit 2, Von Newton bis Rousseau* in: Röd, Wolfgang (Hg.), *Geschichte der Philosophie, Bd. 8* (München 1984).
Sauder, Gerhard/Schlobach, Jochen (Hg.): *Aufklärungen. Frankreich und Deutschland im 18. Jahrhundert*, Bd. I (Heidelberg 1985).
Schalk, Fritz: *Studien zur französischen Aufklärung* (1964; 2. erw. Aufl. Frankfurt/Main 1977).
Schneiders, Werner: *Die wahre Aufklärung. Zum Selbstverständnis der deutschen Aufklärung* (Freiburg, München 1974).
– *Aufklärung und Vorurteilskritik. Studien zur Geschichte der Vorurteilstheorie*, in: Hinske, Norbert (Hg.), *Forschungen und Materialien zur deutschen Aufklärung*, Abtl. II, Bd. 2 (Stuttgart, Bad Cannstatt 1983).
– *Hoffnung auf Vernunft. Aufklärungsphilosophie in Deutschland* (Hamburg 1990).
– (Hg.) *Aufklärung als Mission, La mission des Lumières. Akzeptanzprobleme und Kommunikationsdefizite, Accueil réciproque et difficultés de communication* (Marburg 1993).
– (Hg.) *Lexikon der Aufklärung* (München 1995).

Schrader, Wolfgang H.: *Ethik und Anthropologie in der englischen Aufklärung. Der Wandel der moral-sense-Theorie von Shaftesbury bis Hume* (Hamburg 1984).

Schröder, Winfried u. a.: *Französische Aufklärung. Bürgerliche Emanzipation, Literatur und Bewußtseinsbildung* (Leipzig 1979).

Standop, Ewald/Mertner, Edgar: *Englische Literaturgeschichte* (1967; 3. erw. Aufl. Heidelberg 1976).

Vierhaus, Rudolf (Hg.): *Wissenschaften im Zeitalter der Aufklärung* (Göttingen 1985).

– *Deutschland im 18. Jahrhundert. Politische Verfassung, soziales Gefüge, geistige Bewegungen* (Göttingen 1987).

– *Was war Aufklärung?* (Göttingen 1995).

Voss, Jürgen: *Deutsch-französische Beziehungen im Spannungsfeld von Absolutismus, Aufklärung und Revolution* (Bonn, Berlin 1992).

Wundt, Max: *Die deutsche Schulphilosophie im Zeitalter der Aufklärung* (Tübingen 1945).